Kresnicka
Marketing und Öffentlichkeitsarbeit
in Kindertagesstätten

Marketing und Öffentlichkeitsarbeit in Kindertagesstätten

von

Tina Kresnicka

Staatl. anerkannte Erzieherin und Sozialwirtin

Kommunal- und Schul-Verlag · Wiesbaden

Bibliografische Information der Deutschen Nationalbibliothek
Die Deutsche Nationalbibliothek verzeichnet diese Publikation in der Deutschen Nationalbibliografie; detaillierte bibliografische Daten sind im Internet über http://dnb.ddb.de abrufbar.

Satz: Jung Crossmedia Publishing GmbH · Lahnau
Druck: Druckhaus Nomos · Sinzheim

ISBN 978-3-8293-0970-7

Inhaltsverzeichnis

Vorwort

Wohin möchte ich meine Kita steuern? Was will ich erreichen und wie komme ich dort hin? Neben den grundsätzlichen pädagogischen Entscheidungen und einem fundierten Konzept helfen Marketingstrategien, die Ziele zu erreichen.

Es reicht heutzutage nicht mehr aus, über ein pädagogisches Konzept zu verfügen und dieses in die Praxis umzusetzen – es gilt vielmehr, die Arbeit der Kita bekannt zu machen, das Image zu pflegen oder zu verbessern und ein bedarfsgerechtes Angebot zu schaffen, welches gerne angenommen wird.

Ein Marketingkonzept kann dabei ein Fahrplan sein, der Auskunft darüber gibt, mit welchen Mitteln und Strategien ich mein Ziel erreichen kann.

Marketing macht Spaß – besonders, weil die guten Leistungen einer Kita so sichtbar werden und die Anerkennung der eigenen Arbeit steigt.

Das Buch ist so aufgebaut, dass sich in den ersten drei Kapiteln viele theoretische Hintergründe finden und die Schritte zur Analyse und zur Entwicklung einer Marke bzw. eines Marketing-Konzeptes erklärt werden. Das vierte Kapitel ist sehr praxisorientiert und bietet Ansätze, die eigene Öffentlichkeitsarbeit unter die Lupe zu nehmen und evtl. zu verbessern.

In diesem Sinne möchte ich Sie ermutigen, Ihre Arbeit transparent zu machen, sich auf neue Entwicklungen einzulassen und ein eigenes Marketingkonzept zu entwickeln, welches die Strategien und Mittel koordiniert und so letztendlich zum guten Ruf ihrer Einrichtung beiträgt.

Wenn in diesem Buch die Rede von Mitarbeiterinnen bzw. Erzieherinnen in Kitas ist, habe ich jeweils die weibliche Form verwendet. Aber natürlich dürfen sich auch Männer angesprochen fühlen!

Wiesbaden, im September 2011 *Tina Kresnicka*

Abkürzungsverzeichnis

Abb.	Abbildung
bzw.	beziehungsweise
ebd.	ebenda
EStG	Einkommensteuergesetz
etc.	et cetera
evtl.	eventuell
f.	folgende Seite
ff.	folgende Seiten
ggf.	gegebenenfalls
Hrsg.	Herausgeber
Kap.	Kapitel
Kita	Kindertagesstätte
MarkenG	Markengesetz
o. Ä.	oder Ähnliche
S.	Seite
sog.	sogenannte
u. a.	und andere
USP	unique selling proposition
vgl.	vergleiche
z. B.	zum Beispiel

Den farbigen Einleger finden Sie zum Download unter:
www.kommunalpraxis.de/marketing-kita

1. Marketing – eine Einführung

Marketing im Kindergarten – ist das denn nötig? Stärker werdender Konkurrenzdruck und steigende Erwartungen führen dazu, dass sich die Einrichtungen verstärkt mit betriebswirtschaftlichen Methoden auseinandersetzen müssen. Es gilt, die Forderung von Öffentlichkeit und Eltern nach einer guten Bildungsqualität mit den knappen Ressourcen in Einklang zu bringen. Wie jedoch kann eine Einrichtung auf diese Anforderungen reagieren? Ein wichtiger Schritt ist eine gelungene Öffentlichkeitsarbeit, die darauf abzielt, das eigene Profil transparent zu machen und die Attraktivität der Einrichtung für alle Anspruchsgruppen (Kinder, Eltern, Träger, Kommune etc.) positiv zu beeinflussen.

Die Aufgabe des Marketings ist die Erzeugung von Aufmerksamkeit und Interesse sowie der Aufbau eines kontinuierlichen Kundenvertrauens.

Dabei geht es nicht nur um die reine Werbung für das „Produkt“ Bildung und Erziehung in Ihrer Einrichtung – Marketing und Marketing-Mix sind mehr als nur Werbestrategien, sie umfassen vielmehr ein weites Feld von Produkt-, Preis-, Kommunikations- und Distributionspolitik.

1.1 Entstehung des Marketings

Nach dem Zweiten Weltkrieg war die Nachfrage nach Waren und Dienstleistungen zunächst größer als das Angebot. Dieser Zustand wandelte sich aber mehr und mehr – bald war das Angebot größer als die Nachfrage. Um auf diesem „Käufermarkt“ bestehen zu können, wurden ca. ab den 1950er Jahren Marketing-Instrumente entwickelt, die den Unternehmen dabei helfen sollten, sich auf dem Markt gegenüber der Konkurrenz zu behaupten.

Dabei geht es nicht nur um reine Werbung – auch das Produkt muss immer weiter den Bedürfnissen und Anforderungen der Kunden angepasst werden, um dauerhaft von den Käufern angenommen zu werden.

In der Betriebswirtschaftslehre wird das Marketing unter einem wissenschaftlichen Blickwinkel betrachtet und immer wieder werden Erklärungszusammenhänge, Markenmodelle und Ansätze entwickelt und überprüft.

1.2 Marketing im Kindergarten?

Auch auf dem Markt der Kitas hat sich in den vergangenen Jahrzehnten einiges getan. War es früher noch üblich, den Kindergartenplatz zu nehmen, den man eben bekam, wählen die Eltern heutzutage bewusst einen Platz für ihr Kind aus.

Größer werdender Konkurrenzdruck und steigende Erwartungen führen dazu, dass sich die Einrichtungen verstärkt mit betriebswirtschaftlichen Methoden auseinandersetzen müssen. Es gilt, die Forderung von Öffentlichkeit und Eltern nach einer guten Bildungsqualität mit den knappen Ressourcen in Einklang zu bringen. Wie jedoch kann eine Einrichtung auf diese Anforderungen reagieren? Ein wichtiger Schritt ist eine gelungene Öffentlichkeitsarbeit, die darauf abzielt, das eigene Profil transparent zu machen und die Attraktivität der Einrichtung für alle Anspruchsgruppen (Kinder, Eltern, Träger, Kommune etc.) positiv zu beeinflussen.

Die Aufgabe des Marketings ist die Erzeugung von Aufmerksamkeit und Interesse sowie der Aufbau eines kontinuierlichen Kundenvertrauens.

Die Trägerlandschaft in Deutschland hat sich in den letzten Jahren stark verändert und wird sich auch in Zukunft weiter verändern. Kitas und ihre Träger stehen zunehmend in einem Spannungsfeld von gestiegenen gesellschaftlichen Erwartungen (wie Vereinbarkeit von Familie und Beruf, eine stärkere Betonung des Bildungsauftrags sowie einen Beitrag zum gelingenden Aufwachsen von Kindern zu leisten) einerseits und einem zunehmenden wirtschaftlichen Druck andererseits.

Träger von Kitas schließen sich in Trägerverbünden zusammen (Kita GmbH des Bistums Trier, zzt. Träger von 67 katholischen Kitas im Bistum Trier, wurde im Jahr 2000 gegründet und fasste zu diesem Zeitpunkt 15 Kindergärten [Träger bis dato: Kirchengemeinden im Bistum Trier] in fünf Gesamteinrichtungen zusammen), Kommunen gründen Eigenbetriebe zum Betrieb ihrer Kitas (z. B. Eigenbetrieb Kindertagesstätten Offenbach [EKO]), Unternehmen installieren eine betriebliche Kinderbetreuung, buchen Plätze in bereits bestehenden Einrichtungen (z. B. Belegung und volle Finanzierung von 12 Krippenplätzen in einer Kita der Gemeinde Biebesheim durch die Firma Merck, Werk Gernsheim) oder beauftragen freie Träger, Einrichtungen zu betreiben (z. B. GFK [e. V.] für T-online International AG, Darmstadt oder educcare [gGmbH] für BASF Ludwigshafen).

Das Bestehen am Markt und der Erhalt bzw. der Ausbau der Wettbewerbsfähigkeit gewinnt für Träger von Kitas daher immer mehr an Bedeutung.

Um diesen Anforderungen gerecht zu werden und das Fortbestehen bzw. die Expansion des Trägers oder der Kitas zu sichern, bedarf es in Zukunft auch für Träger von Kitas an Strategien zum Thema Marketing.

Basis für ein erfolgreiches Marketingkonzept kann ein identitätsorientierter Markenansatz bieten, der die Besonderheiten des Dienstleistungsmarketings berücksichtigt.

Die Markenführung bietet dabei für den Träger nicht nur ein notwendiges Instrument zum Sichern der eigenen Wettbewerbsfähigkeit, sondern auch ein Managementinstrument, mit dessen Hilfe die eigene Identität (Markenidentität) entwickelt und nach innen und außen kommuniziert werden kann.

1.3 Was ist eine Marke?

Die Wissenschaft liefert verschiedene Erklärungen von „Marke".

Die vielfältigen Ansätze und Sichtweisen, die man in der Literatur zum Begriff der Marke findet, spiegeln die Entwicklung, die das Markenverständnis bis heute geprägt hat, wieder. Der klassische Ansatz definiert eine Marke als ein Kennzeichen für die Herkunft einer Fertigware, welche die Erfüllung vorgegebener Merkmale garantieren kann. Produkte sind also dann Marken, wenn sie *„in einem größeren Absatzraum unter einem besonderen, die Herkunft kennzeichnenden Merkmal (Marke) in einheitlicher Aufmachung, gleicher Menge sowie gleichbleibender oder verbesserter Güte erhältlich sind und sich dadurch sowie durch die für sie betriebene Werbung die Anerkennung der beteiligten Wirtschaftskreise (...) erworben haben (...)" (Mellerowicz, S. 39).*

Diese Definition ist heute nicht mehr ausreichend – es können nicht nur Produkte wie z. B. Nutella, Tempo, Mercedes etc. einen „Markenstatus" erreichen, sondern auch Personen (z. B. berühmte Sportler), Dienstleistungen (z. B. Urlaub im Robinson Club) oder Organisationen (z. B. Caritas). Dies kann man auch im § 3 Abs. 1 Markengesetz (MarkenG) wiederfinden. Der Paragraf besagt, dass *„alle Zeichen, insbesondere Wörter, einschließlich Personennamen, Abbildungen, Buchstaben, Zahlen, Hörzeichen, dreidimensionale Gestaltungen, einschließlich der Form einer Ware oder ihrer Verpackung sowie sonstige Aufmachungen einschließlich Farben und Farbzusammenstellungen geschützt werden, die geeignet sind, Waren oder Dienstleistungen eines Unternehmens von denjenigen anderer Unternehmen zu unterscheiden."*

Auch dass Markenprodukte überall erhältlich sind, kann heute nicht mehr als ein unbedingtes Merkmal von Marke gesehen werden. Gerade Luxusmarken erlangen ihren besonderen Status oft dadurch, dass sie eben nicht immer überall erhältlich sondern nur für eine bestimmte Kundengruppe, evtl. in limitierter Anzahl erhältlich sind.

Weitere Definitionen von „Marke“:

Ogilvy, 1951 (Meffert/Burmann/Koers, S. 6): *„Eine Marke ist die Vorstellung des Verbrauchers von der Marke“* (Vorstellungswelt, Assoziationen).

Adjouri, 2002 (Meffert/Burmann/Koers, S. 7): *„Eine Marke ist ein Botschafter zwischen Unternehmen und Zielgruppe (...), ein Zeichen, das mittels von Bedeutungen Produkte bzw. Dienstleistungen eine Identität gibt und diese bei den Zielgruppen erfolgreich vermittelt“* (Markenidentitätsansatz).

Zusammenfassend gibt *Esch* (Esch, S. 23) folgende Definition: *„Marken sind Vorstellungsbilder in den Köpfen der Konsumenten, die eine Identifikations- und Differenzierungsfunktion übernehmen und Wahlverhalten prägen.“*

Das Markenverständnis und damit auch die Ansätze der Markenführung haben sich im Laufe der Jahre verändert. Bis Mitte der 60er Jahre des 20. Jahrhunderts sah man die Marke vor allem als einen Merkmalskatalog eines Produktes, der Fokus lag auf der Ware an sich. Die Markenführung folgte zu dieser Zeit einem instrumentellen Ansatz. Der Ansatz der Markenführung veränderte sich dann über funktionsorientiert (bis Mitte der 70er Jahre), über einen verhaltens- und imageorientierten bzw. strategienorientierten Ansatz (bis Ende der 80er Jahre) zu dem bis heute gültigen Ansatz des integrierten identitätsorientierten Markenmanagements (Informationen hierüber finden Sie in Kap. 3).

1.4 Die Besonderheiten des Dienstleistungsmarketings

Die Kita bzw. der Träger einer solchen Einrichtung lässt sich aus Sicht des Marketings in den Bereich des Dienstleistungsmarketings einordnen.

Da der Dienstleistungssektor aus wirtschaftlicher und volkswirtschaftlicher Sicht seit einigen Jahren an Bedeutung gewinnt, hat sich ein eigenes Feld des Dienstleistungsmarketings entwickelt.

Bei Kitas oder deren Träger handelt es sich aber nicht nur um ein Dienstleistungsunternehmen, welches eine bestimmte Dienstleistung für den Kunden erbringt (wie z. B. ein Friseur, eine Versicherung oder die Bahn), sondern in den meisten Fällen auch um eine Nonprofit-Organisation. Auch in diesem Zusammenhang gilt es, einige Besonderheiten zu beachten. Bei Kitas und ähnlichen sozialen Einrichtungen ist es besonders wichtig, die Beziehungen mit den verschiedenen Anspruchsgruppen in den

Blick zu nehmen. Als Anspruchsgruppen lassen sich im Bereich der Kita in erster Linie die direkten Empfänger, d. h. Kinder und deren Eltern, aber auch andere Anspruchsgruppen wie z. B. die Öffentlichkeit (Bildungsauftrag der Gesellschaft) benennen.

Die Beziehungsorientierung spielt im Nonprofit – Marketing eine wichtige Rolle. Es ist hier ja auch so, dass der Leistungserbringer, also die Kita, direkt mit dem Kunden zusammenarbeiten und mit ihm in Interaktion treten muss. Bildung und Erziehung kann nicht dem Kind ausgehändigt werden wie ein Versicherungsschein – hier spielen die Beziehungen, die Kommunikation, die Angebote etc. eine große Rolle. Als weitere Besonderheit hängt der Erfolg der pädagogischen Bemühungen nicht nur von der Qualität des Angebots ab: Wie jedes Kind die unterschiedlichen Angebote für sich selbst nutzen und verarbeiten kann, lässt sich von der Kita wenig beeinflussen.

Hier können sich im Hinblick auf die gleichbleibende Qualität von Markenprodukten Probleme ergeben: Ein Bildungsangebot, das von den Erzieherinnen in gleicher Güte verschiedenen Kindern angeboten wird, wird von diesen unterschiedlich angenommen und verarbeitet. Bezogen auf das einzelne Kind kann ein Angebot also von unterschiedlicher Qualität sein, z. B. wenn es den Bedürfnissen des Kindes nicht entspricht. Um bei allen Nutzern des Angebots eine gleichbleibende Qualität zu erhalten, müssen die Angebote also so geplant und ausgeführt werden, dass jedes Kind auf der Basis seiner individuellen Fähigkeiten, Interessen und Bedürfnisse angesprochen wird.

Tipp: Erstellen Sie eine Bildungsdokumentation für jedes Kind und bauen Sie die pädagogische Planung auf den Dokumentationsergebnissen auf. Die Arbeit mit Portfolios erleichtert es, die Bildungsangebote auf die Interessen und Bedürfnisse der Kinder abzustimmen.

Dienstleistungsmarketing zeichnet sich durch folgende Besonderheiten aus:

- Immaterialität: Dienstleistungen sind im Gegensatz zu Sachgütern nicht physisch fassbar.
- Dienstleistungen sind nicht lagerfähig.
- Immobilität: Dienstleistungen sind im hohen Maße standortgebunden.
- Personenbezogene Dienstleistungen erfordern meist eine vergleichsweise hohe Arbeitsintensität. Die Produktivität kann nur bedingt gesteigert werden.
- Es handelt sich um einmalige, individuelle Leistungen.

- Produktion und Absatz der Dienstleistung verlaufen synchron nach dem uno-actu-Prinzip. Der Empfänger ist an der Leistung direkt beteiligt.
- Es gibt eine direkte, intensive Beziehung zum Leistungsempfänger.
- Die Leistungen sind schwer standardisierbar.

Aus den Besonderheiten ergeben sich für das Marketing im Kindertagesstättenbereich einige Konsequenzen:

- Die Leistung muss erklärt werden, damit die Kunden den Nutzen erfahren können. Das heißt, die Arbeit muss transparent gemacht werden und kann nicht „hinter verschlossenen Türen" stattfinden. Bestimmte Angebote, die pädagogisch als sinnvoll angesehen werden, bedürfen besonderer Erklärung: So kann z. B. das freie Experimentieren und Gestalten mit verschiedenen Materialien im Atelier als besonders wichtiges Angebot gelten, aber die Eltern vermissen dennoch die „schönen" Ergebnisse. In so einem Fall ist nicht der Kundenwunsch (nach schönen Bastelergebnissen) die Richtschnur des Handelns, sondern moderne pädagogische Ansätze und Überlegungen. Das Marketing muss es aber schaffen, die Einstellung der Kunden zu beeinflussen und sie letztendlich von der Qualität des Angebots zu überzeugen.
- Die Mitarbeiter haben hier eine herausragende Rolle. Die persönliche Kommunikation, die Einstellungen und das Auftreten der Mitarbeiter hängen unmittelbar mit der Wahrnehmung der Leistung durch Außenstehende zusammen.
- Nicht nur die Kinder (die als direkte Empfänger der Leistung ohnehin einbezogen sind), sondern auch die Eltern sollten in die Leistungserstellung einbezogen werden. Dies erhöht die Akzeptanz. Eine Einbeziehung kann z. B. durch Mitwirkung bei bestimmten Angeboten oder in der Elternvertretung geschehen.
- Bilder helfen, die Leistungen zu verdeutlichen.
- Empfehlungen durch Dritte (die die Leistung schon erfahren haben) sind ein wesentlicher Erfolgsfaktor, da hier die Qualität von Leistungen für potentielle Nutzer auf eine glaubhafte Art und Weise erfahrbar gemacht werden.

1.5 Der identitätsorientierte Markenansatz

Basis für ein erfolgreiches Marketingkonzept kann ein identitätsorientierter Markenansatz sein, der die Besonderheiten des Dienstleistungsmarketings berücksichtigt.

Die Identität der Marke steht hier im Mittelpunkt und bildet mit ihrer Dauerhaftigkeit die Grundlage für das Vertrauen der Kunden. Vertrauen wiederum ist die Grundlage für eine langfristige Kundenbindung.

Für die Markenführung eines Trägers von Kitas ist daher der identitätsorientierte Ansatz der Markenführung als praktikabel anzusehen. Hier spielt das Vertrauen der Eltern in die Einrichtung eine entscheidende Rolle und ist notwendig, um bestehende Kundenbeziehungen befriedigend gestalten und um Eltern als neue Kunden gewinnen zu können.

Für den identitätsorientierten Ansatz der Markenführung spielt – wie der Name schon sagt – die Identität der Marke eine herausragende Rolle. Dabei handelt es sich um die charakteristischen Merkmale einer Marke – das, was die Marke ausmacht.

Die Identität wird dabei von der Kita oder deren Träger entwickelt. Sie spiegelt den Charakter und die Besonderheiten der Dienstleistung wider.

Eine fundierte Konzeption oder andere besondere Merkmale der Einrichtung definieren also aus interner Sicht charakteristische Merkmale und stellen den Nutzen, den Kunden in dieser Einrichtung erfahren, dar.

Das Image einer Marke hingegen formt sich erst später in der Sichtweise der relevanten Anspruchsgruppen (z. B. Eltern, Gemeinde etc.) der Marke. Die Markenidentität kann also als Selbstbild einer Marke aus Sicht der Kitaleitung und anderer interner Anspruchsgruppen (Mitarbeiter, Träger) angesehen werden. Dahingegen ist das Image einer Marke als Fremdbild aus Sicht der Nutzer zu sehen.

Das Markenimage ergibt sich aus der Wahrnehmung der angebotenen Leistungen und eilt den Einrichtungen oft als „guter" oder „schlechter" Ruf voraus.

Im Bereich der Kitas ist das Image bzw. der Ruf einer Einrichtung oft ein kritischer Punkt. Je nach Kundengruppe ist das Angebot genau zu differenzieren, darzustellen, zu begründen – oder eben auch nicht. Das bedeutet, die Form der Außendarstellung muss an die jeweilige Elternschaft angepasst werden: Liegt die Kita in einem sozialen Brennpunkt, muss die Arbeit anders dargestellt werden als bei einer Einrichtung, die in einem Villenviertel oder in einem Studentenviertel liegt.

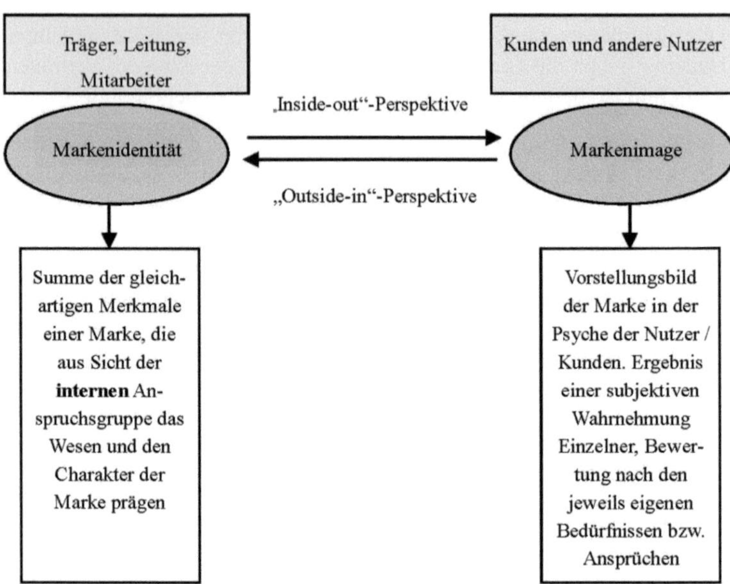

Abb. 1: Der Zusammenhang zwischen Markenidentität und -image

Deutlich wird in der Betrachtung der Praxis, dass sowohl Identität in Form eines (fundierten) Konzeptes als auch das Image eine wichtige Rolle in der Leitung und Steuerung von Kitas spielen, ohne dass diese bisher aus dem Blickwinkel des Marketings bzw. der zielgerichteten Entwicklung einer Markenidentität betrachtet wurden.

Kennen Sie das Image Ihrer Einrichtung? Folgende Fragen können Sie sowohl die Mitarbeiter als auch die Eltern beantworten lassen, um etwas über das Selbst- und Fremdbild der Kita herauszufinden:

Wie beurteilen Sie … /Note:	**1**	**2**	**3**	**4**	**5**	**6**	**?**
die Konzeption							
die pädagogische Arbeit							
die äußere Erscheinung der Einrichtung							
die Qualität der Bildungsangebote							
die Vielfalt der Angebote							
die Atmosphäre							

Wie beurteilen Sie ... /Note:	1	2	3	4	5	6	?
die Räume							
die Außenanlagen							
die Ausstattung							
die täglichen Öffnungszeiten							
die Ferienschließzeiten							
die Kosten							
die Öffentlichkeitsarbeit							

Die Einrichtung ist ... / Note:	1	2	3	4	5	6	?
kindorientiert							
zuverlässig							
fortschrittlich							
offen							
kreativ							
traditionell							
freundlich							
flexibel							
ansprechend							
transparent							

1.6 Markenpositionierung und Leitbild

Die Positionierung einer Marke hilft dabei, die eigene Marke von Konkurrenzmarken abzugrenzen. Die eigene Marke soll von den Kunden besser akzeptiert werden als die der Konkurrenz. In der Wahrnehmung der Kunden soll also die eigene Marke eine vorteilhafte Stellung gegenüber anderen Marken erhalten.

Diese „vorteilhafte Stellung" bezeichnet man in der Betriebswirtschaft auch als USP (unique selling proposition).

Auch im Kita-Bereich kennt man diese Stellung, die eine Einrichtung – unabhängig davon, ob sie in einem kleineren Ort mit nur zwei Kitas oder in einer großen Stadt liegt – in der Wahrnehmung der Kunden innehat. Ohne Marketing zu betreiben, zeigt sich diese Position auch in der Außenwahrnehmung der Kita.

> Beim Marketing geht es darum, bestimmte Maßnahmen so abzustimmen und durchzuführen, dass man bewusst den Zustand dieser vorteilhaften Stellung erreichen oder halten kann.

Beachtet man verschiedene Punkte, ist es einfacher, die angestrebte Position am Markt zu erreichen:

- Die angebotenen Leistungen müssen den Wünschen der Kunden entsprechen. Das bedeutet, dass sich z. B. die Öffnungszeiten an den Bedürfnissen der Gesamtkundschaft orientieren müssen.
- Der Kundennutzen muss deutlich wahrnehmbar sein, d. h. die angebotenen Leistungen müssen sich deutlich von denen anderer Anbieter unterscheiden. Dies kann erreicht werden, in dem z. B. eine besondere Form der pädagogischen Arbeit vertreten wird oder besondere Angebote stattfinden, die es in der Konkurrenzeinrichtung (noch) nicht gibt (z. B. Arbeit mit Portfolios, Montessoripädagogik etc.).
- Im Rahmen der Auswahlentscheidung muss dem Kundennutzen eine hohe Bedeutung zukommen. Das heißt, dass der Kunde sich wirklich aufgrund des besonderen Nutzens für eine Einrichtung entscheiden kann – nicht, dass er das erstbeste Angebot annehmen muss, weil er sonst fürchtet, keinen Betreuungsplatz für sein Kind zu bekommen.

Prüfen Sie, welche Position Ihre Einrichtung am Markt hat:

Wie viele Konkurrenzeinrichtungen gibt es in Ihrem Einzugsgebiet?	
Ist Ihre Einrichtung voll ausgelastet?	
Sind die Konkurrenzeinrichtungen voll ausgelastet?	
Kommt es vor, dass Sie Familien aufnehmen, die eigentlich lieber eine andere Einrichtung gewählt hätten?	
Kennen Sie den Ruf Ihrer Einrichtung bei den Eltern?	
Welche Einrichtung hat in Ihrem Stadtteil den besten Ruf, welche den schlechtesten?	

Um die angestrebte Position am Markt erreichen zu können, ist es notwendig, alle marktbezogenen Aktivitäten auf ein bestimmtes Ziel auszurichten. Dies macht eine Darstellung der Markenphilosophie erforderlich, die man auch als Markenleitbild bezeichnen kann. Auch Konzeptionen von Kitas oder Trägerorganisationen kennen solche Leitbilder. Ein Markenleitbild bringt die Visionen und Wertvorstellungen, die Ziele, die Kompetenzen und das Verhältnis zur Bezugsgruppe zum Ausdruck. Hier kann man also auf bereits Erarbeitetes zurückgreifen und dies evtl. weiterentwickeln, wenn nötig. Das Leitbild kann, wenn es diese Anforderungen erfüllt, Grundlage und Orientierung für alle Marketing-Aktivitäten bieten.

Betrachtet man den Markt der Kitas, so stellt man fest, dass sich hier die Betreuungslandschaft im raschen Tempo verändert. Gruppenschließungen oder die Aufnahme neuer Zielgruppen (z. B. Kinder unter drei Jahren) stellen das Management von Kitas vor neue Herausforderungen und bilden gleichzeitig den stetigen Wandel der Gesellschaft ab. Auch Anforderungen an Öffnungszeiten haben sich in den letzten Jahrzehnten grundsätzlich verändert. Gab es früher noch häufig den „klassischen" Regelkindergarten, der über Mittag geschlossen hatte, ist heute auch in den ländlichen Gebieten die Tagesstätte mit Ganz- oder Halbtagsangeboten die Regel. Es gilt heute, sich in dem dynamisch verändernden Markt eine Position zu schaffen, die dazu beiträgt, das Überleben der Einrichtung zu sichern.

Die Entwicklung einer Markenidentität und die Positionierung dieser Marke können die Kitas dabei unterstützen, sich gegenüber der Konkurrenz ein deutlich wahrnehmbares Profil zu schaffen, das den Kundennutzen im Blick behält. Der deutlich wahrnehmbare Kundennutzen wiederum beeinflusst das Wahlverhalten der Eltern bei der Auswahl einer geeigneten Kita. Auch das Vertrauen, das sich bei den Kunden durch eine deutlich kommunizierte und gelebte Markenidentität bildet, wirkt sich langfristig positiv auf das Image und somit auch auf die Nachfrage aus.

Beim „Markt“ der Kinderbetreuung handelt es sich derzeit um einen organisierten und stark geschlossenen Markt. Das heißt, dass Kinderbetreuung in Einrichtungen oder Tagespflege bestimmten Vorschriften unterliegen, die den Zugang zu diesem Markt regeln: Man muss sich an Bedarfsplanungen halten, braucht eine Betriebserlaubnis, muss bestimmte Gesetze einhalten etc.

Obwohl in manchen Bereichen (z. B. Krippen- oder Schulkindbetreuung) das Platzangebot zum Teil geringer ist als die Nachfrage, hat sich der Kita-Markt zu einem immer stärker werdenden Käufer-Markt entwickelt. Die Position der Kunden hat sich gestärkt. Aus diesem Grund ist es für Träger von Kitas von gesteigerter Bedeutung, sich am Markt gut zu positionieren.

1.7 Anforderungen an die Marke eines Trägers von Kitas

Neben der Markenidentität tragen nach *Aaker* und *Joachimsthaler* drei weitere Parameter zum Erfolg einer Marke bei und sollten daher Beachtung finden:

- Organisationsstruktur und Prozesse: Grundlage ist die Entwicklung einer Organisationsstruktur, die Kompetenzen und Aufgaben festlegt;
- Markenstruktur: Festlegung der Markenstrategien und ggf. Erarbeitung eines Markenportfolios;

Programm zum Aufbau der Marke: Auswahl der Kommunikationsstrategie und -maßnahmen, die notwendig sind, um die Markenidentität im Markt zu etablieren (*Esch*, S. 23; *Joachimsthaler*, S. 35 ff.).

In Bezug auf die Marke eines Trägers sind diese Einflussgrößen ebenfalls von Bedeutung. Besonders wichtig erscheint, dass sowohl in Bezug auf die Markenidentität als auch in Bezug auf Organisation und Markenstruktur für alle Einrichtungen des Trägers ein einheitliches Vorgehen erforderlich ist. Will sich der Träger als Marke mit einer klaren Identität etablieren, so ist es notwendig, dass alle seine Kitas eine einheitliche Identität aufweisen (d. h. alle nach dem gleichen Rahmenkonzept arbeiten, wobei auf Unterschiede in Struktur oder sonstigen Bedingungen eingegangen werden kann). Der Träger wiederum ist dafür verantwortlich, alle Beteiligten in ihren Aktivitäten zu koordinieren und sowohl ein stimmiges Gesamtkonzept für Organisations- und Markenstruktur als auch zum Aufbau der Marke zu entwerfen und umzusetzen.

Das Gleiche gilt für eine „einzelne“ Kita, die sich mit dem Marketing beschäftigt: Auch hier sollten alle vorhandenen Gruppen nach der hauseigenen Konzeption arbeiten und auch in allen Gruppen das gleiche hochwertige Angebot stattfinden, wobei sich die Gruppen natürlich schon aufgrund der zugeordneten Pädagoginnen unterscheiden. Auch die Themen müssen (dürfen) nicht an allen Gruppen gleich sein – jedoch der Umgang mit ihnen sollte gewährleistet sein.

Prüfen Sie ...

	Ja	Nein
Handeln alle Mitarbeiter gemäß der Konzeption?		
Werden die Eltern in allen Gruppen gleich gut über Projekte, Themen etc. informiert?		
Finden in allen Gruppen in etwa gleich häufig bestimmte Projekte etc. statt?		
Werden in allen Gruppen die Kinder (und auch die Eltern) auf gleiche Art und Weise beteiligt?		
Werden in allen Gruppen die gleichen Gestaltungsgrundsätze für Aushänge verwendet (Mehr über die ansprechende Gestaltung finden Sie im Kap. „Öffentlichkeitsarbeit konkret")?		
Gibt es in allen Gruppen regelmäßige Eltern- und Entwicklungsgespräche?		
Sind alle Mitarbeiter freundlich zu Besuchern, Eltern etc.?		

Um sicherzustellen, dass die Markenidentität durch die Mitarbeiterinnen zu Ihrer Zufriedenheit transportiert wird, sollten Sie diese Fragen mit „Ja" beantworten können. Wenn nicht, sollten Sie dafür Sorge tragen, dass sich einzelne Mitarbeiter oder einzelne Gruppen der Notwendigkeit bewusst werden, das Konzept und die Markenidentität zu leben und zu präsentieren.

Die Markenidentität lässt sich für einen Träger bzw. eine Kita nicht in einem kleinen Marken-Kern fassen, sondern beruht vielmehr auf einem aussagekräftigen, fundierten und angemessenen pädagogischen Konzept. Das Konzept legt dabei auf der kognitiven Ebene die essenziellen, wesensprägenden und charakteristischen Merkmale der Marke fest und stellt den Kundennutzen in den Vordergrund. Dabei ist das Konzept für einen (potenziellen) Kunden nur mittelbar erlebbar. Es gilt also, im jeweiligen Bezug herauszuarbeiten, wie man als Träger einer Kita die kognitive Ebene der schriftlichen pädagogischen Konzeption auf eine wahrnehmbare Ebene transportieren kann. Hier spielt besonders der Einsatz der Marketinginstrumente „Kommunikation" und „Design" eine Rolle, die in einem späteren Kapitel erläutert werden.

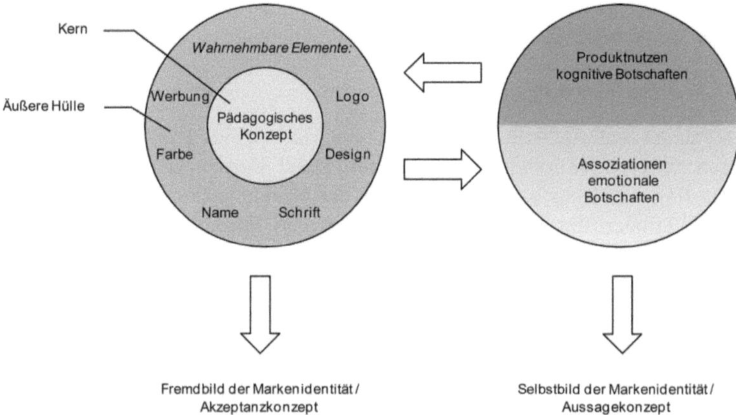

Abb. 2: Markenidentitätsmodell für eine Träger-Marke

Die Markenidentität besteht hierbei aus einem Kern, welcher das pädagogische Konzept darstellt. Das Konzept sollte in den Grundsätzen und zu Grunde liegenden Werthaltungen dauerhaft angelegt sein, sich jedoch auch weiterentwickeln, so dass stets neue pädagogische Erkenntnisse einbezogen werden können.

Der Kern der Markenidentität ist umgeben von einer äußeren Hülle, die die sofort wahrnehmbaren Elemente der Marke wie Name, Logo, Design etc. umfasst. Auch hier sollte eine gewisse Konsistenz vorhanden sein.

Das Image, das sich als Fremdbild bei den Nutzern, potenziellen Nutzern und sonstigen Bezugsgruppen bildet, steht in einer Wechselwirkung zur Markenidentität als Selbstbild. Je besser die Markenidentität an den Kunden vermittelt werden kann, desto eher stimmt das Fremdbild mit dem Selbstbild überein. Im Gegenzug sind auch die Kundenwünsche bzw. der wahrgenommene Produktnutzen ein Einflussfaktor: Wird die Leistung den Kundenwünschen dauerhaft nicht gerecht (z. B. Öffnungszeiten), müssen Änderungen in der Konzeption vorgenommen werden.

Das Image als Fremdbild der Markenidentität setzt sich aus kognitiven Inhalten und dem wahrgenommenen Nutzen (z. B. gute Bildung für die Kinder) sowie aus emotionalen Botschaften und Assoziationen zur Leistung zusammen. Für die Wahrnehmung der Leistung auf der emotionalen Ebene ist nicht nur die Konzeption an sich, sondern vor allem deren Umsetzung (wie gehen die Erzieherinnen mit dem Kind bzw. der Familie um, wie werden pädagogische Angebote realisiert) und äußere Darstellung (wie ist die Einrichtung an sich gestaltet: Farben, Bilder/Fotos von Angeboten und erklärende Texte als visueller Eindruck pädagogischer Angebote etc.) von Bedeutung.

1.7.1 Funktionen der Marke

Betrachtet man die Anforderungen an die Marke eines Trägers, so können auch einige Funktionen der Marke aufgezählt werden, die diese für den Nachfrager aber auch für den Anbieter der Markenleistung erfüllen sollte. Dabei können die generellen Funktionen von Marken auf den Anwendungsbereich einer Träger-Marke übertragen werden.

- **Identifikationsfunktion:** Die Marke ermöglicht eine klare Identität der Leistung. Ist sie bekannt, ist eine schnelle und prägnante Identifikation der Marke durch die Zielgruppe möglich.
- **Differenzierungsfunktion:** Durch die klare Identität ist ebenfalls eine Abgrenzung gegenüber konkurrierenden Trägern oder Kitas möglich.
- **Imagefunktion:** Die Marke ermöglicht eine Verdichtung der relevanten Informationen und Assoziationen in einem sog. „information chunk" und bringt so das Image einer Marke zum Ausdruck.
- **Vertrauensfunktion:** Die dokumentierte Qualität der Marke wird für die Zielgruppe bzw. die Kunden erfahrbar und trägt dazu bei, das Vertrauen in den Träger und seine Marke zu stärken.
- **Kompetenzfunktion:** Erlebbare und kommunizierte Leistungsmerkmale geben dem Nutzer das Signal von Kompetenz. Die Marke erfüllt somit auch eine Kompetenzfunktion und die Reputation der Einrichtung bzw. des Trägers wird gestärkt.

1.7.2 Marketing- und Markenstrategien

Das Marketing bietet verschiedene strategische Handlungsoptionen. Diese Marketingstrategien sind langfristige und globale Verhaltenspläne und sollen dazu dienen, die Marketingziele zu erreichen.

In der Fachliteratur sind verschiedene Marketingstrategien zu finden, die auch im Dienstleistungsmarketing angewendet werden:

- **Geschäftsfeldstrategien** oder Differenzierungsstrategien zielen darauf ab, sich von anderen Anbietern zu unterscheiden. Dies kann z. B. durch andere Öffnungszeiten (längere oder kürzere) oder besondere pädagogische Konzepte geschehen.
- Die **Strategie der Kostenführerschaft** zielt darauf ab, das billigste Betreuungsangebot zu bieten. Zu beachten ist hier, dass die Kitagebühren nicht den üblichen marktwirtschaftlichen Bedingungen unterliegen, sondern in der Regel von Städten und Gemeinden festgelegt und durch öffentliche Finanzmittel bezuschusst werden. Freie Träger

sind natürlich in der Gestaltung ihrer Preise freier, werden aber jedoch keine Kostenführerschaft anstreben können.

- **Marktteilnehmerstrategien** bauen auf der Geschäftsfeldstrategie auf und bieten Orientierung zu den Themen der Marktbearbeitung und zu Verhaltensstrategien, z. B. in dem die Marketingaktivitäten an die erwartete Zielgruppe angepasst werden (Akademikereltern, sozialer Brennpunkt etc.).
- **Strategie der Konzentration auf Marktnischen** spricht die Eltern an, die für ein besonderes Angebot längere Fahrtwege und höhere Kosten auf sich nehmen. Diese Angebote finden sich eher in Großstädten wieder und sind z. B. die Möglichkeit einer Rund-um-die-Uhr-Betreuung, zweisprachige Erziehung in Mandarin-Chinesisch, Kneipp-Kitas und dergleichen mehr.
- **Marketinginstrumentestrategien** legen im Anschluss daran fest, mit welchen Instrumenten die festgelegten Strategien bearbeitet werden sollen. Zu Marketing-Instrumenten erfahren Sie mehr in Kap. 2.

Von den Marketingstrategien abzugrenzen sind die Markenstrategien, die mögliche Handlungsoptionen der Markenführung aufzeigen.

Man unterscheidet zwischen folgenden Basisstrategien der Markenführung:

- **Einzelmarkenstrategie:** Jedes Produkt eines Anbieters hat eine eigene, individuelle Marke, der Anbieter selbst bleibt im Hintergrund. Eine Marke bearbeitet jeweils nur ein Marktsegment. Beispiel: Procter & Gamble mit den Marken o. B., Ariel, Pampers etc.
- **Mehrmarkenstrategie:** Es werden mindestens zwei Marken im selben Produktbereich parallel geführt, die auf den Gesamtmarkt ausgerichtet sind. Auch hier bleibt das Unternehmen im Hintergrund. Das Unternehmen sichert seine Wettbewerbsposition durch „Konkurrenz im eigenen Haus“ ab und erlangt somit eine Absicherung der eigenen Wettbewerbsposition. Beispiel: Volkswagen-Konzern mit den Marken VW, Audi, Skoda, Bentley etc.
- **Markenfamilienstrategie:** Für eine bestimmte Produktgruppe wird eine einheitliche Marke gewählt, ohne direkte Bezugnahme auf den Anbieter. Im Unternehmen können dabei mehrere Markenfamilien nebeneinander existieren. Beispiel: Beiersdorf mit der Marke Nivea als Pflegecreme, Duschgel, Deo, Körperlotion etc.
- **Dachmarkenstrategie:** Sämtliche Produkte eines Unternehmens werden unter einer einheitlichen Marke angeboten. Dieser Ansatz hat besondere Bedeutung im Dienstleistungsbereich. Im Vordergrund der Profilierungsbestrebungen stehen hier der Anbieter und seine Kompetenzen. Beispiel: Microsoft mit seinen Produkten im Computerbereich.

Im Bereich der Kitas und ihrer Träger sind häufig Dachmarkenstrategien anzutreffen. Eine Einzelmarkenstrategie wäre ebenfalls denkbar, wenn es z. B. sich um eine einzelne Einrichtung handelt.

Um eine Markenstrategie für einen Träger festzulegen, sollte zunächst dessen Angebot überprüft werden. Eine Zusammenführung der bisherigen Angebote unter einer Dachmarke erscheint sinnvoll, um so die Akzeptanz der einzelnen Leistungen (z. B. verschiedene Kitas) zu nutzen, um zur Profilierung und Stützung der (Dach-)Marke beizutragen. Auch wenn neue Angebote eingeführt werden, ist die Akzeptanz dieser Angebote schneller erreicht, wenn diese unter dem bekannten Namen der Dachmarke auftreten. Die Dachmarkenstrategie bietet für den Anwender die Möglichkeit, eine starke Unternehmens- und Markenidentität aufzubauen, da Marke und Hersteller, d. h. in diesem Fall der Träger, eng miteinander verknüpft sind.

Für einen Träger, der neben dem Betrieb von Kitas noch weitere Leistungen anbietet, könnte der Aufbau der Markenstrategie wie folgt aussehen:

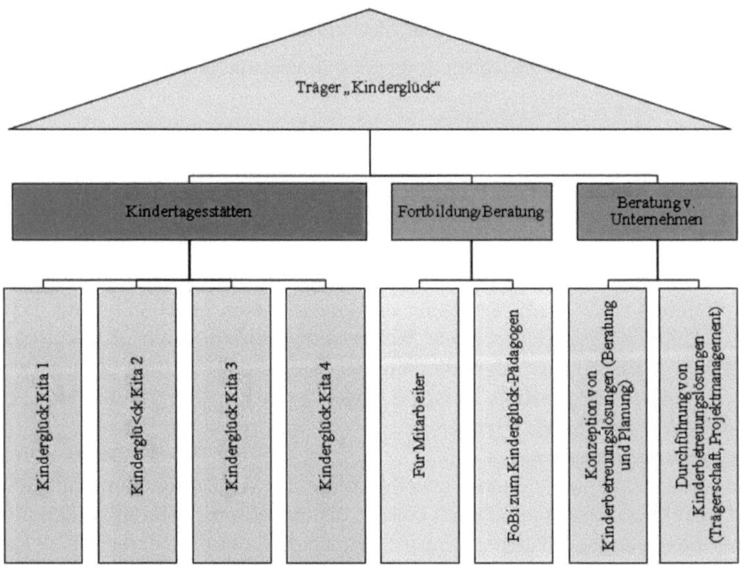

Abb. 3: Dachmarkenmodell für einen Träger

Die der Dachmarke „Kinderglück" zugeordneten Bereiche Kita, Fortbildung/Beratung und Beratung für Unternehmen fungieren gleichsam als Familienmarken „Kinderglück-Kitas", „Kinderglück-Fortbildung" und

„Kinderglück für Firmen“ mit den jeweils ihnen untergeordneten einzelnen Leistungen.

Vorteil eines solchen Modells ist die Verknüpfung der Profilierung der einzelnen Leistungen auf allen drei Ebenen. Innerhalb der Positionierung der Dachmarke kann sich jeder Bereich eigenständig profilieren, wobei jedoch Abhängigkeiten bestehen. Haben die Kitas kein gutes Image, werden auch der Fortbildungsbereich und der Firmenbereich darunter leiden.

„Eine Dachmarke vereint alle Einzel- und Familienmarken in einer gemeinsamen Struktur. Sie stellt die höchste Form der strategischen Option dar“ (Adjouri, S. 125).

Aufgrund der hohen Anforderungen einer solch komplexen Struktur ist eine Dachmarke jedoch auch nicht einfach zu managen bzw. zu koordinieren. Die wechselseitigen Abhängigkeiten müssen bedacht werden, ebenso sind die Identität, das Image und die Positionierung der Dachmarke als richtungweisend für die in der Hierarchie nachfolgenden Marken(-familien) zu sehen.

1.7.3 Bezugsgruppen einer Trägermarke

Eine Marke hat stets mehrere Zielgruppen: Alle Menschen, die in Beziehung zur Marke treten, werden als die Bezugsgruppen der Marke aufgefasst.

Unternehmensintern setzt sich die Bezugsgruppe aus den Führungskräften und den Mitarbeitern zusammen. Die Bezugsgruppe, die sich auf dem Markt bildet, ist die Gruppe der Kunden, aber auch die der Lieferanten, Geschäftspartner oder Aktionäre. Gesellschaftlich gesehen kann die Bezugsgruppe aus Journalisten und anderen Multiplikatoren, Verbänden und Vereinen, Wissenschaftlern und Meinungsbildnern bestehen.

> Jede dieser Bezugsgruppen unterscheidet sich im Wissen, in ihren Wünschen und ihren Erwartungen an die Marke.

Für die Markenführung eines Trägers kann man die Gruppe der Kunden bzw. der potentiellen Kunden (Eltern mit Kindern im Alter der Zielgruppe) und die Gruppe der Mitarbeiter und Führungskräfte als besonders wichtige Bezugsgruppen der Marke definieren.

Die Gesellschaft ist durch die Gesetzgebung und den formulierten Bildungsauftrag sowie durch den Nutzen, den die Gesellschaft als Allgemeinheit von einer guten Kinderbetreuung hat, ebenfalls eine Bezugsgruppe einer Träger-Marke. Der gesellschaftliche Auftrag dient in der Praxis als Basis des Angebots von Kitas.

Die Bezugsgruppe der Lieferanten und Handelspartner ist im Bereich der Träger von Kitas in der Regel weniger relevant: Zum jetzigen Zeitpunkt sind die Trägerstrukturen in den meisten Fällen wenig mit dieser Bezugsgruppe beschäftigt. Ausnahme ist die enge Zusammenarbeit mit einem Partner, z. B. einer Firma wie BASF oder T-Com, die den Betrieb einer firmeninternen Kinderbetreuung an einen externen Träger vergeben haben. In diesem Fall stellt die entsprechende Firma als Auftraggeber und Handelspartner eine wichtige Bezugsgruppe dar, deren Anforderungen und Bedürfnisse eine wichtige Grundlage für die Markenführung bieten. Hier könnte aber auch ein erweiterter Kundenbegriff greifen: Kunden sind in einem solchen Falle dann nicht nur die Eltern mit ihren Kindern, sondern auch die Firma, die den Auftrag an den Träger vergibt und somit in der Rolle eines Leistungsempfängers ist.

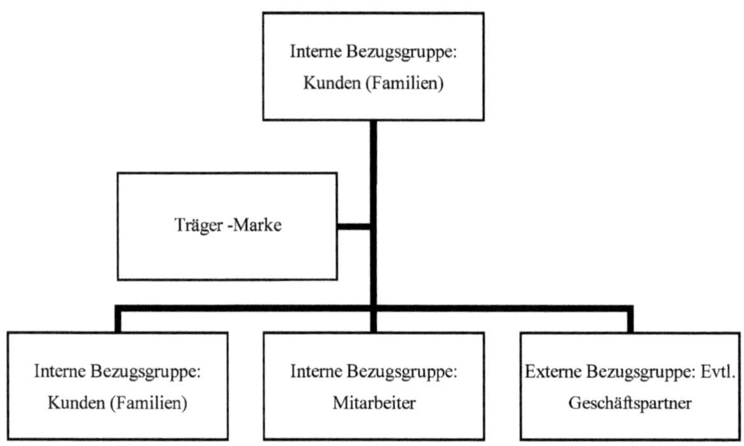

Abb. 4: Bezugsgruppen einer Träger-Marke

Die Gruppe der Kunden sowie die Gruppe der Mitarbeiter sollen im Folgenden noch einmal genauer betrachtet werden:

1.7.3.1 Mitarbeiter

> Die interne Markenführung und der widerspruchsfreie Auftritt der Mitarbeiter nach außen sind als die wesentlichen Erfolgsfaktoren von Unternehmen anzusehen.

Dies war das Ergebnis einer Studie von BBDO-Consulting im Jahre 2005.

Ein Mitarbeiter, der die Identität der Marke verinnerlicht hat und dessen Selbst-Konzept eine Übereinstimmung mit der Markenidentität aufweist, kann die Marke nach außen glaubwürdig darstellen und sein Vertrauen und seine Begeisterung an Kunden und andere Bezugsgruppen weitergeben.

Eine wichtige Rolle spielt dabei die Führungskraft: Sie muss die Werte der Marke sowohl vermitteln (auf einer kognitiven Ebene) als auch vorleben. Eine Führungskraft einer Kita, die stark für die Partizipation der Kinder eintritt und dies auch inhaltlich vermitteln kann, ist unglaubwürdig, wenn sie andererseits keine Partizipation bezogen auf ihre Mitarbeiter praktiziert.

Tipp: Überprüfen Sie Ihr eigenes Handeln und Ihre Einstellung zur Markenidentität – leben und handeln Sie nach der Philosophie Ihrer Marke?

Und wie sieht dies bei Ihren Mitarbeitern aus?

Sie können für sich und für jede Mitarbeiterin einzeln die folgenden Fragen prüfen. Bitten Sie die Mitarbeiter auch um eine Selbsteinschätzung – einzeln oder in Form einer Dienstbesprechung. Wenn Sie die Fragen gemeinsam im Team erörtern, ergeben sich interessante Diskussionen und Ansätze zur weiteren Entwicklung Ihrer Markenidentität.

Prüfen Sie ...

Welche Werte und Besonderheiten machen den Kern Ihrer Marke aus?	
Welche Punkte können Sie richtig gut vertreten, weil sie Ihrer persönlichen Haltung voll entsprechen (welche Punkte kann die Mitarbeiterin gut umsetzen?)?	
Mit welchen Punkten haben Sie Schwierigkeiten (wo sehen Sie Schwierigkeiten bei der Mitarbeiterin?)?	
Werden die Werte nicht nur in Bezug auf die Kinder sondern auch in Bezug auf andere Gruppen (Eltern, Mitarbeiter, etc.) gelebt (was beobachten Sie bei der Mitarbeiterin?)?	

1.7.3.2 Kunden

Nicht nur über die Interaktion mit den Mitarbeitern erhält der Kunde einen unmittelbaren Eindruck über die Identität der Marke, auch andere wahrnehmbare Elemente beeinflussen die Markenwahrnehmung. Der Name und Slogan einer Einrichtung, verwendete Symbole und Logos, aber auch der Eindruck der Umgebung haben Einfluss auf die Wahrnehmung der Einrichtung durch den Kunden. Hier sollte also ebenfalls eine bewusste Gestaltung stattfinden, um einen bestimmten Eindruck bei der Zielgruppe hervorzurufen.

> Wie wollen Sie wirken? Achten Sie darauf, welcher Eindruck bei Ihrem Gegenüber entsteht. Schnell wird aus kinderfreundlich kindisch, aus bildungsorientiert verschult, aus professionell kühl und distanziert etc.

Auch der Kunde wird in seiner Wahlentscheidung für ein Produkt von seinem Selbst-Konzept beeinflusst: Das Image der Marke und das Selbstbild des Kunden müssen zusammen passen. Sieht sich der Kunde selbst als modebewussten Trendsetter, wird er auf bestimmte Kleidung achten. Ebenso verhält es sich bei der Wahl einer geeigneten Kita: Ein Naturliebhaber tendiert eher zum Waldkindergarten als jemand, der grundsätzlich nicht viel vom Dreckigwerden und von kleinen Krabbeltieren hält. Jemand, dem bei sich selbst gute Bildung sehr wichtig ist, wird sich eher zu Einrichtungen hingezogen fühlen, die den Bildungsaspekt ihrer Arbeit in den Vordergrund stellen. Ein dominanter Elternteil, in dessen Familie alles auf sein Kommando zu hören hat, wird sein Kind nicht in einer Einrichtung sehen wollen, in der es regelmäßige Kinderkonferenzen oder ein Kinderparlament gibt – und so weiter.

Die Aufgabe der Markenführung im Hinblick auf die Kunden ist es, die Marke beim Kunden sowie deren Nutzen und Einsatzmöglichkeiten zu verdeutlichen. Dabei ist für viele Kunden nicht nur das Markenimage sondern auch das Unternehmensimage von Bedeutung. Marken bzw. Produkte eines abgelehnten Unternehmens werden vom Verbraucher nicht akzeptiert. In der Umkehrung haben es neue Produkte eines angesehenen Unternehmens leicht: Sie genießen einen Vertrauensvorschuss. Im Kindertagesstättenbereich ist dies ähnlich: Eröffnet eine Kita mit schlechtem Ruf eine neue Hortgruppe, ist es vielleicht nicht einfach, die Plätze alle zu belegen. Bietet dagegen eine beliebte Einrichtung einen neue Gruppe an oder eröffnet ein Träger mit mehren guten Einrichtungen eine weitere Kita, so ist davon auszugehen, dass diese von den Eltern gut angenommen wird.

1.7.3.3 Ansprüche an die Marke

Die verschiedenen Bezugsgruppen haben natürlich auch Ansprüche an die Marke und die Markenidentität. Gerade bei einer Träger-Marke bzw. der einer Kita ist es sowohl für Eltern als auch für engagierte und qualifizierte Mitarbeiter wichtig, dass das Konzept als Grundlage für die Markenidentität fundiert und nach aktuellen pädagogischen Erkenntnissen aufgebaut ist. Gesellschaftlich gesehen besteht die Anforderung, dass der Bildungsplan des jeweiligen Bundeslandes in den Einrichtungen umgesetzt wird.

Nicht nur die Qualität des pädagogischen Konzepts ist wichtig für die Bezugsgruppen, auch die Flexibilität der Kinderbetreuung ist eine wichtige Determinante für verschiedene Bezugsgruppen (z. B. Familien oder Arbeitgeber von Eltern).

Die DJI-Kinderbetreuungsstudie 2005 (vgl. Monitor Familiendemographie, S. 7 und DJI Kinderbetreuungsstudie – Erste Ergebnisse, S. 12) zeigt, dass die Flexibilität von Betreuungsangeboten unzureichend ist und den Ansprüchen der Familien nicht mehr gerecht wird. Zufriedenheit herrscht dagegen bei der Bezugsgruppe Familien mit der Qualität der Kita in Bezug auf Förderung, Versorgung und Betreuung.

2. Bereiche des Marketings – Marketinginstrumente

Man unterscheidet vier Marketinginstrumente, nämlich Produkt-, Preis-, Kommunikations- und Distributionspolitik. Diese Instrumente dienen dazu, die angestrebten Markenziele zu erreichen – sie sind sozusagen das Fahrzeug, mit dem ich mich auf den Weg mache.

Analog zu den englischen Bezeichnungen spricht man auch von den vier „P" (Product, Price, Promotion, Place).

Um die Instrumente des Marketings zu planen, ist es notwendig, vorher eine Analyse, also eine Marktforschung, durchzuführen.

2.1 Marktforschung

Es ist wichtig, sich einen Überblick über die Situation am „Markt" zu verschaffen: Was wollen die Kunden, welche Wettbewerber gibt es, welche Leistungen bieten sie an, welche (gesellschaftlichen) Entwicklungen sind zu erwarten?

In der Wirtschaft werden zum Thema Marktforschung oft große Studien angestellt und auch gerne externe Marktforschungsunternehmen beauftragt. Diese Möglichkeiten stehen in der Regel einer einzelnen Kita oder auch einem Träger nicht zur Verfügung.

Um sich dennoch mit der Analyse des Umfelds zu befassen, ist es notwendig, im Team zusammen zu arbeiten. Zwar können Sie als Leitung oder Geschäftsführung eines Trägers sich auch alleine mit dem Thema Marktforschung befassen, aber die Einbeziehung der Mitarbeiter hat zwei gute Gründe:

- Zum einen entstehen durch Gespräche oft neue Ideen oder Sichtweisen, die Perspektiven und Wahrnehmungen können sich gut ergänzen;
- zum anderen sollen die Mitarbeiter die aufgrund der Marktforschung entwickelten Ziele und Maßnahmen später in die praktische Arbeit und ihr Verhalten umsetzen. Dies gelingt leichter, wenn sie an der Erarbeitung beteiligt waren.

Je nach Größe der Organisationseinheit (einzelne Kitas mit wenigen Gruppen im Gegensatz zu einem Trägerverband mit zehn Einrichtungen etc.) kann es notwendig sein, eine Arbeitsgruppe zu bilden.

Mit folgenden Analysefragen können Sie sich beschäftigen:

Analysefragen Bereich Kunden	
Wie ist die derzeitige Familienstruktur in Ihrer Einrichtung (Ein- oder Mehrkindfamilien, Alleinerziehende, Eltern in Trennung)?	
Wie ist die berufliche/soziale Situation der Familien in Ihrem Einzugsgebiet (Studenten, Arbeitnehmer, Angestellte in leitenden Positionen, Arbeit im Schichtdienst, Selbstständige, Arbeitslose, Doppel- oder Alleinverdiener, Hausfrauen etc.)? Daraus abgeleitet: Wie ist die finanzielle Situation der Familien?	
Gibt es in Ihrer Einrichtung Kinder (oder Eltern) mit Migrationshintergrund?	
Konsequenzen: Wie wirkt sich die familiäre und berufliche Situation auf die Kinder aus? Welche Bedürfnisse von Seiten der Eltern ergeben sich daraus? Was heißt das für Ihre Einrichtung?	
Welche Zielgruppe sprechen Sie mit dem Angebot Ihrer Einrichtung an (Familien mit Kindern im Krippen-, Kindergarten- und/oder Hortalter)?	
Welche Zielgruppe möchten Sie evtl. noch ansprechen? Ist für diese Gruppe ein Bedarf vorhanden?	
Welche Besonderheiten haben die Kinder, die Ihre Einrichtung besuchen (z. B. vermehrt Verhaltensauffälligkeiten, Sprachschwierigkeiten, positive Besonderheiten etc.)	

Analysefragen Bereich Kunden	
Konsequenzen: Welche Art von Betreuung und welche pädagogischen Angebote brauchen die Kinder, die Ihre Einrichtung besuchen? Was wäre über die bereits bestehenden Angebote hinaus wünschenswert für diese Kinder? Was würden neue Zielgruppen vermutlich benötigen?	
Haben Sie den Eindruck, dass die Eltern mit den Rahmenbedingungen (Öffnungszeiten, Preis, Personal- und sonstige Ausstattung) zufrieden sind?	
Gibt es Besonderheiten in der Elternschaft, die sich evtl. auf die Konzeption Ihrer Einrichtung auswirken könnten (z. B. ein großes Gesundheitsbewusstsein bei der Mehrheit der Eltern, starke Betonung der Bildungsqualität etc.)?	
Haben Sie den Eindruck, dass den Eltern das pädagogische Konzept oder die pädagogische Haltung bekannt ist, die Ihre Einrichtung auszeichnet? Woran erkennen Sie dies?	
Führen Sie Kundenbefragungen durch?	
Konsequenzen: Welche Rahmenbedingungen stoßen immer wieder auf Kritik und sollten geändert werden? Welche Veränderungen bringt evtl. die Beschäftigung mit den familiären Situationen mit sich? Wie können Sie den Eltern die pädagogische Haltung deutlich machen, die Ihrer Arbeit zugrunde liegt?	

Analysefragen Bereich Kunden	
Erfassen Sie bei der (Vor)Anmeldung, warum sich eine Familie gerade bei Ihnen anmeldet?	
Erfassen Sie bei der (Vor)Anmeldung, woher der Familie die Einrichtung bekannt ist?	
Erfassen Sie schon bei der (Vor)Anmeldung, welche Bedürfnisse Eltern im Hinblick auf (möglicherweise noch nicht existente) Betreuungszeiten haben?	
Konsequenzen: Wie können Sie Bedürfnisse der Familien und die Bekanntheit Ihrer Einrichtung schon im Vorfeld erfassen?	

Wenn Sie den Analysebogen beantwortet haben, können Sie aus den Antworten ein klareres Bild über die Situation Ihrer Kunden gewinnen.

Analysefragen Bereich Wettbewerber	
Wer ist ein Wettbewerber Ihrer Einrichtung? (Bitte für jeden Wettbewerber die nachfolgenden Fragen einzeln beantworten)	
Stehen Sie in Kontakt mit dem Wettbewerber? In welcher Form? Wie würden Sie die Zusammenarbeit beschreiben?	
Welche Rahmenbedingungen hat der Wettbewerber (Öffnungszeiten und Betreuungsmodule, Ferienzeiten, Preis, personelle und sonstige Ausstattung etc.)?	
Welche konzeptionellen Schwerpunkte oder besondere Angebote hat der Wettbewerber?	

Analysefragen Bereich Wettbewerber	
Was sind seine größten Schwachpunkte?	
Was sind seine größten Stärken?	
Was für ein Image hat der Wettbewerber? Wie ist seine Stellung am Markt (bevorzugen die Eltern diese Einrichtung eher oder nicht)?	
Welche Arten der Öffentlichkeitsarbeit macht der Wettbewerber?	
Verfügt er über besondere äußerliche Kennzeichen (Logo, besondere Gestaltung des Schriftverkehrs etc.)?	
Konsequenz: In welchen Punkten können Sie von Ihrem Wettbewerber lernen? Welche Schwächen des Wettbewerbers möchten Sie auf jeden Fall vermeiden? Was scheint die Eltern besonders anzusprechen?	

Die Beantwortung der Analysefragen zum Bereich der Wettbewerber hilft Ihnen dabei, ihr Wissen über die „Konkurrenzeinrichtung" zu strukturieren. Je nach Position des Wettbewerbers können Sie lernen, was dazu führt dass z. B. die Konkurrenzeinrichtung ein besseres Image bei den Kunden hat als die eigene Einrichtung (vielleicht werden die Eltern gut informiert, das äußere Erscheinungsbild ist ansprechend, die Einrichtung engagiert sich mit einem Kinderprogramm auf allen möglichen Sommerfesten, bietet andere Öffnungszeiten etc.) oder – wenn Ihre Einrichtung einen besseren Stand hat als die der Konkurrenz – welche Fehler Sie vermeiden sollten.

Analysefragen Bereich gesellschaftliche Einflüsse	
Welche gesellschaftlichen Entwicklungen haben Auswirkungen auf die Arbeit Ihrer Einrichtung (z. B. Bildungsdiskussion, Krippenplatzausweitung, Arbeitslosigkeit, . . .)?	

Analysefragen Bereich gesellschaftliche Einflüsse	
Welche Auswirkungen haben die gesellschaftlichen Einflüsse auf die Familien in Ihrer Einrichtung?	
Welche Trends erwarten Sie in der Zukunft (z. B. steigende Nachfragen nach Schulkindbetreuung, wenn die heutigen Krippen- und Tagesstättenkinder eingeschult werden)?	

Die Analyse der gesellschaftlichen Einflüsse und auch deren angenommene Veränderung oder Weiterentwicklung ist nötig, damit Sie nicht nur die aktuellen Bedürfnisse im Blick haben, sondern gezielt und langfristig auf mögliche Veränderungen reagieren zu können.

> Die Analyse von Kunden, Wettbewerbern und Trends bildet die Basis für die darauf folgenden Entscheidungen der Produkt-, Preis-, Kommunikations- und Distributionspolitik.

Die Bewertung der gesammelten Informationen kann mittels einer SWOT-Analyse durchgeführt werden, wobei die Stärken und Schwächen bzw. die Chancen und Risiken immer auf die Marke bezogen werden. Die SWOT-Analyse ist ein Instrument zur Situationsanalyse. Sie ist bedeutsam für den Bereich der strategischen Entscheidungen, da sie sowohl Auskunft über interne Faktoren (Stärken und Schwächen) als auch überexterne Faktoren (Chancen und Risiken) gibt und somit dazu dienen kann, eine ganzheitliche Strategie zu entwickeln.

Innerhalb der Bewertung ist eine weitere Bewertung der Ergebnisse nach Priorität vorzunehmen, um so wichtige von vernachlässigbaren Ergebnissen zu unterscheiden.

Stärken (**S**trengths)	Chancen (**O**pportunities)
• Was läuft gut? • Worauf können wir uns verlassen? • Was stellt uns zufrieden? • Was gibt uns Energie? • Worauf sind wir stolz? • Was sind unsere Stärken?	• Wozu wären wir noch fähig? • Was sind die Zukunftschancen? • Was können wir im Umfeld nutzen? • Was liegt noch brach? • Was können wir ausbauen? • Welche Möglichkeiten haben wir?

Schwächen (Weaknesses)	Risiken (Threats)
• Was ist schwierig? • Welche Störungen behindern uns? • Was fehlt uns? • Was fällt uns schwer? • Wo liegen unsere Fallen?	• Wo lauern künftig Gefahren? • Welche Schwierigkeiten kommen auf uns zu? • Womit müssen wir rechnen? • Was sind unsere Befürchtungen?

Um die Stärken und Chancen nutzen zu können und gleichzeitig die Risiken aus den erkannten Schwächen und Gefahren zu minimieren, sowie um Aufgaben aus der SWOT-Analyse abzuleiten, st es notwendig, Überlegungen bezüglich folgender Fragen anzustellen und die einzelnen Ergebnisse miteinander zu kombinieren:

- Welche Stärken können genutzt werden, um die Chancen voll auszuschöpfen bzw. um den Risiken zu begegnen (S-O- bzw. S-T-Strategien)?
- Wo befinden sich Schwächen, die bearbeitet werden müssen, um neue Möglichkeiten zu nutzen (W-O-Strategien)?
- Wie kann es vermieden werden, dass Schwächen mögliche Bedrohungen verstärken (W-T-Strategien)?

2.2 Produktpolitik

> Die Produktpolitik umfasst alle Entscheidungen, die in unmittelbarem Zusammenhang mit dem einzelnen Produkt getroffen werden. Es geht darum, kunden- und marktorientierte Produkte anzubieten, um damit den Unternehmenserfolg zu sichern.

Die Produktpolitik ist also keine technische, sondern eine marktbezogene Aufgabenstellung. Im Wirtschaftsleben werden nur die Unternehmen langfristige Erfolge haben, die es schaffen, ihre Produkte an den Bedürfnissen des Marktes zu orientieren.

Dabei stehen die Instrumente Produktvariation, Produktinnovation und Produktelimination zur Verfügung.

Produktvariation ist eine Variation desselben Produktes (vgl. Color-Waschmittel und Waschmittel für Schwarzes). Das bedeutet, dass das Angebot leicht variiert wird, aber von Grund auf doch dasselbe bleibt. Bei einer sozialen Einrichtung könnte sich z. B. die Arbeit nach einem neuen pädagogischen Ansatz ausrichten, in der Grundform aber bewahrt werden

(Kinderbetreuung für Kinder im Alter von drei bis sechs Jahren, montags bis freitags von 7 bis 17 Uhr).

Bei **Produktinnovationen** handelt es sich dagegen um echte Neuentwicklungen. In einer Kita könnte es sich dabei z. B. um einen Shopping-Service (= Betreuung während des samstäglichen Einkaufes), einen Ausgeh-Service (= Betreuung am Abend), verschiedene Kursangebote (Frühenglisch, Kochkurs oder auch Kurse für Eltern) oder andere Dienstleistungsangebote (Frisör kommt in die Kita) handeln.

Die **Produktelimination**, d. h. das Herausnehmen eines Produktes aus dem Programm, kommt in einer Kita z. B. dann zustande, wenn die Einrichtung sich dazu entschließt, fortan keine Regelplätze (bei denen die Kinder über Mittag nach Hause gehen) mehr anzubieten sondern nur noch Halbtags-, Dreiviertel- oder Ganztagsplätze.

Um Klarheit über die von der Einrichtung angebotenen Produkte zu erlangen, können Sie folgende Fragen beantworten:

Was wird „produziert“, d. h. was ist das vom Träger vorgegebene Angebot (z. B. Kinderbetreuung für Kinder im Alter von drei bis sechs Jahren, Montag bis Freitag von 7 bis 17 Uhr)?	
Wie ist das Produkt gestaltet (Konzeptionen, pädagogische Stilrichtungen)?	
Welche zusätzlichen Leistungen werden angeboten (z. B. Elterncafé, Themennachmittage mit gleichzeitiger Kinderbetreuung)?	
Wie wird das Produkt verbessert (z. B. werden Kundenumfragen gemacht, in denen die Wünsche der Eltern erfasst werden, gibt es regelmäßige Reflektionen im Team über das „Produkt“)?	
Wie entstehen zusätzliche Leistungen (auf Anregung des Elternrates, im Team etc.)?	

Das „Produkt" Kinderbetreuung, Erziehung und Bildung ist natürlich kein einfaches Produkt, bei dem man einfach ein paar Zutaten verändern kann. In manchen anderen Branchen werden oft neue Produkte generiert, indem nur wenige Merkmale verändert werden. So werden z. B. aus einem herkömmlichen Waschmittel ein Color-Waschmittel und eines für die schwarze Wäsche, weil die Kunden heutzutage solche Spezialwaschmittel wünschen – im pädagogischen Bereich ist dies alles komplizierter.

So gibt es z. B. mittlerweile in allen Bundesländern mehr oder weniger umfangreiche Bildungspläne, die die Grundlage für das pädagogische Handeln bieten sollen. Diese Bildungspläne geben Auskunft über Ziele, die die Arbeit in den einzelnen Bildungsbereichen erreichen sollen, stellen also gewissermaßen die Wünsche des Kunden „Gesellschaft" dar.

Daneben gibt es immer wieder neue pädagogische Entwicklungen, die der Arbeit in den Einrichtungen neue Impulse geben.

Das alles ist nicht immer unbedingt der Wunsch des direkten Kunden, nämlich der Familien. Ein häufiger Konfliktpunkt sind z. B. die Bastelarbeiten, die doch früher immer so „schön" (weil von der Erzieherin fast alleine angefertigt) waren. Heute schütten die Kinder bunte Papierschnipsel in Wasser, rühren eine braune Matsche damit an, beschmieren Unterlage und Körper damit und dann wird alles weggeworfen und abgeduscht – und das soll kreativ sein? Wo bleiben die vorzeigbaren Produkte der Kinder?

Andererseits werden Bildungsangebote auch oft kritisch hinterfragt – tut der Kindergarten genug für die Bildung der Kinder? Wieso gibt es keine Englisch- oder Naturwissenschaftskurse? Oder tut der Kindergarten gar zuviel? Haben die Kinder überhaupt noch die Möglichkeit, Kind zu sein und z. B. auf Bäume zu klettern oder Höhlen zu bauen?

> Die Produktpolitik ist ein schwieriges Feld im Bereich der Kitas. Sie ist aber auch der wichtigste Aspekt, der Kundenzufriedenheit hervorruft und damit auch den Ruf der Einrichtung beeinflusst.

Um Ihr Produkt auf der Höhe der Zeit zu halten prüfen Sie regelmäßig:

- Sind die Rahmenbedingungen noch stimmig oder muss hier etwas verändert werden?
- Wird die Konzeption regelmäßig reflektiert und ggf. angepasst (dies gelingt z. B. gut mit Hilfe eines Qualitätshandbuches und eines Qualitätsmanagementsystems)?
- Verfolgen Sie die aktuellen pädagogischen Entwicklungen mit Hilfe von Fachzeitschriften, Fachbüchern, Fortbildungen etc.?

- Wie werden die pädagogischen Entwicklungen in die Teams transportiert und evtl. umgesetzt?
- Erfahren die Eltern, wenn Sie etwas Neues ausprobieren? Wie?
- Erfahren dies auch Außenstehende, z. B. über Presseartikel?
- Können die Eltern ihre Wünsche äußern, z. B. im Elternrat oder mittels einer Kundenbefragung?

Die pädagogische Ausrichtung des Produktes ist als sehr individuell zu sehen und soll an dieser Stelle nicht näher betrachtet werden. Hier gilt es, pädagogisch „auf dem Laufenden" zu bleiben und die eigenen Handlungen jeweils anzupassen.

Ein wichtiger Punkt, den man in der Literatur allerdings wenig findet, ist die Möglichkeit der Gestaltung von Öffnungszeit. Dieser Punkt wird auch für Eltern immer wichtiger, da sich die Bedingungen des Arbeitsmarktes in den letzten Jahren verändert haben.

Aus diesem Grund soll dieser Punkt hier gesondert aufgegriffen werden.

2.2.1 Lösungsansätze für bedarfsgerechte Angebote in Tageseinrichtungen für Kinder – flexible Öffnungszeiten

Flexible Betreuungszeiten von Kitas gewinnen für Eltern zunehmend an Bedeutung: In immer mehr Familien sind beide Elternteile berufstätig oder das Kind wächst bei einem (berufstätigen) Elternteil auf. Arbeitgeber verlangen von ihren Angestellten zeitliche Flexibilität und auch im Kollegenkreis wird erwartet, dass Eltern ihre Arbeitskraft voll einbringen und nicht immer pünktlich um 16 Uhr die Arbeit beenden, weil sie den Nachwuchs noch aus der Kita abholen müssen. Eltern geraten im Spannungsfeld zwischen Beruf und Kinderbetreuung leicht unter Druck, so dass sie sich weniger gut auf ihre Arbeit konzentrieren können bzw. die Zeit, die sie mit ihrem Kind verbringen, ebenfalls nicht entspannt genießen können.

Öffnungszeiten, die den Bedürfnissen der Eltern entgegenkommen, sind nicht nur für weniger gestresste Eltern wichtig – auch die Kinder profitieren davon, nach der „normalen" Betreuungszeit im Kindergarten nicht ständig von wechselnden Bezugspersonen (z. B. montags Babysitter, mittwochs zu Freunden, donnerstags und freitags Großeltern etc.) weiter betreut werden oder wenn die Eltern nicht mehr abgehetzt und ohne ein schlechtes Gewissen ihr Kind im Kindergarten abholen.

Zum einen gilt es also, das Betreuungsangebot nach vorne und hinten zu erweitern, um den Eltern so für eine längere Zeit pro Tag verlässliche Betreuung anzubieten, zum anderen sorgt eine erhöhte Flexibilität innerhalb der „normalen" Öffnungszeiten ebenfalls für die bessere Anpassung der Betreuungszeiten an die Bedürfnisse der Familien.

Für beide Formen der Flexibilisierung – Erweiterung der Öffnungszeiten und verstärkte Modularisierung innerhalb der festgelegten Öffnungszeiten – werden hier im Folgenden Lösungsansätze aufgezeigt, die bereits in verschiedenen Einrichtungen realisiert sind.

Die hier vorgestellten Ansätze lassen sich sicher nicht für alle Einrichtungen übernehmen – je nach Trägerstruktur oder (finanziellen) Mitteln stößt man unter Umständen auf Schwierigkeiten. Die aufgezeigten Möglichkeiten sind daher im jeweiligen Kontext auf Realisierbarkeit zu prüfen und sollen vor allem dazu anregen, ein für die jeweilige Einrichtung und die in ihr zu findenden Familien passendes Konzept zu entwickeln – und auch mal das bisher „Undenkbare“ zu denken.

Um bedarfsgerechte Öffnungszeiten anzubieten, ist es zunächst wichtig, die Bedürfnisse der gegenwärtigen und zukünftigen Familien in der Einrichtung zu erfassen. Hier bietet sich die Kundenbefragung an – je nach Klientel schriftlich oder auch mündlich. Auch in Informationsgesprächen, die die Leitung mit neuen interessierten Eltern führt, kann der Bedarf abgefragt bzw. in der Voranmeldung vermerkt werden.

Zu beachten ist, dass man unbedingt mit allen Beteiligten (insbesondere mit dem Träger) **vor** einer Bedarfserhebung das weitere Vorgehen abstimmt und Konzepte zur möglichen Lösung entwirft. Wird nämlich in einer Befragung deutlich, dass ein dringender Bedarf an anderen Angeboten besteht, so sollte man angemessen darauf reagieren können. Wenn z. B. in der Auswertung der Befragung (die den Eltern in einer geeigneten Form bekannt gegeben werden sollte) deutlich wird, dass ein hoher Bedarf nach einer Betreuung bis 18 Uhr besteht, und die Einrichtung kann aus verschiedenen Gründen nicht darauf reagieren (z. B. weil der Träger nicht zustimmt), so kann dies negative Auswirkungen auf Glaubwürdigkeit oder die Beteiligungsbereitschaft der Eltern haben.

2.2.1.1 Verlängerung der Öffnungszeiten nach vorne und hinten

Die Verlängerung der bisherigen Öffnungszeiten (ich gehe hier, wie in vielen Einrichtungen üblich, von einer „normalen“ Öffnungszeit von 7.00–17.00 Uhr aus) kann man durch verschiedene mögliche Lösungen realisieren.

In meiner Praxis als Erzieherin bzw. Leiterin habe ich Einrichtungen kennengelernt, die eine übliche Öffnungszeit von 6.00–20.00 Uhr hatten (hier vor allem Kitas mit erweiterter Altersmischung und Angliederung an eine Firma, meist betrieben von privaten Trägern), sowie Einrichtungen, die nach ihrer üblichen Öffnungszeit bis 17.00 Uhr in den Räumen der Kita zusätzliche Betreuung nach Bedarf durch eine Hilfskraft oder Erzieherin anboten.

Im Folgenden möchte ich beide Möglichkeiten vorstellen:

2.2.1.1.1 Feste Öffnungszeiten, festes Personal

Wenn die Öffnungszeiten der Einrichtung regulär erweitert werden sollen, da viele Eltern eine längere Betreuungszeit für ihr Kind benötigen, empfiehlt es sich, die verlängerte Öffnungszeit mit festem Personal und einem Dienstplan, wie er in der Einrichtung üblich ist, abzudecken. Im Vorfeld müssen die neuen Dienstzeiten ausgerechnet werden und mit der Anzahl der zu der jeweiligen Uhrzeit angemeldeten Kinder abgeglichen werden. Da sich die Öffnungszeit erweitert (z. B. um drei Stunden auf 7.00–19.00 Uhr), ist eine Berücksichtigung im Stellenschlüssel nötig und es muss unter Umständen zusätzliches Personal eingestellt werden.

Die Personalberechnung kann wie folgt aussehen:

Berechnungsbeispiel für eine Einrichtung mit 52 Kindergarten- und Hortkindern, geöffnet von 7.00–17.00 Uhr (bei verlängerten Öffnungszeiten muss die Berechnung im Hinblick auf die Stundenzahl/Uhrzeiten und die jeweils angemeldete Gruppenstärke verändert werden):

Zeiten	Stunden	Gruppen	Fachkräfte	tägliche Stunden	Wochenstunden
07:00–7:30 Uhr	0,5	1	1,5	0,75	3,75
07:30–8:00 Uhr	0,5	2	3	1,5	7,5
08:00–12:00 Uhr	4	2	3	12	60
12:00–12:30 Uhr	0,5	3	4,5	2,25	11,25
12:30–13:00 Uhr	0,5	3	4,5	2,25	11,25
13:00–14:00 Uhr	1	2	3	3	15
14:00–16:30 Uhr	2,5	1	1,5	3,75	18,75
16:30–17:00 Uhr	0,5	1	1,5	0,75	3,75
					131,25
Zusätzlich:	Beispiele:				
Vertretungsbedarf	20	15 %			hier eintragen
Vorbereitungszeit entsprechend Anzahl der Erzieherinnen	25	5 × 5 Std.			hier eintragen
Dienstgespräche/Supervision	12	5 Erz, 1 Leitung a 2 Std.			hier eintragen
Organisation, Verwaltung/Leitung	15				hier eintragen
Gesamtwochenstunden:					**Summe**

Auch ist es bei einer längeren Öffnungszeit ebenfalls oft angebracht, ein Abendessen oder eine kleine zusätzliche Mahlzeit anzubieten (sofern die Eltern dies nicht ihrem Kind mitgeben sollen).

Eine reguläre Veränderung und Verlängerung der Öffnungszeiten ist mit Kosten für den Träger verbunden – sichert allerdings auch die Stellung der Einrichtung auf dem Markt.

Die Dienstplanung hängt von den jeweiligen Gegebenheiten der Einrichtung ab. Rotierende Dienstpläne oder wechselnde Dienste sorgen dafür, dass die Belastung durch bestimmte Dienste für den Einzelnen überschaubar und planbar bleibt.

2.2.1.1.2 Flexible Zusatzbetreuung in den Räumen der Kita

Ist eine regelmäßige Nutzung von verlängerten Öffnungszeiten nicht zu erwarten, aber die Einrichtung möchte trotzdem ein besonderes Angebot an flexiblen Möglichkeiten für die Eltern bereithalten, so kann eine flexibel buchbare zusätzliche Betreuung im Anschluss an die regulären Öffnungszeiten angeboten werden.

In einer Kita für Kinder von 1–12 Jahren eines freien Trägers (ursprünglich Elterninitiative, jetzt e.V. mit Anlehnung an ein Berufsförderungswerk) wurde folgendes Konzept realisiert:

Die Einrichtung verfügt über reguläre Öffnungszeiten von 7.30–16.30 Uhr. Innerhalb dieser Zeiten kann man zwischen einem Halbtagsplatz (7.30–13.30 Uhr) oder einem Ganztagsplatz (7.30–16.30 Uhr) wählen.

Zusätzlich besteht die Möglichkeit, monatsweise Früh- oder Spätbetreuung zu buchen.

Die Frühbetreuung beginnt um 6.45 Uhr und kostet 15 € pro Monat zusätzlich, die Spätbetreuung geht bis 17.00 Uhr und kostet 10 € pro Monat extra. Für die Dienstplanung wird von einer Öffnungszeit von 6.45–17.00 Uhr ausgegangen.

Um besonders flexibel auf die Bedürfnisse der Eltern reagieren zu können, bietet die Einrichtung tageweise buchbare zusätzliche Betreuung an. Diese Betreuungsangebote kosten einen Beitrag pro Stunde, je nach Tageszeit 5 € oder 8 €.

Das Angebot gilt von 13.30 bzw. 17.00 Uhr bis längstens 21.00 Uhr und wird von den Eltern gesondert bezahlt. Im Regelfall sollten die Eltern einen Tag vorher buchen bzw. absagen, aber je nach Situation können auch spontane Buchungen (etwa weil eine Konferenz länger dauert, man im Stau steht oder doch ungeplant früher mit der Arbeit fertig ist) berücksichtigt werden. Somit bietet die Kita den Eltern die Möglichkeit, auch kurzfristig flexibel zu reagieren, indem sie für die Kinder der Halbtagsgruppe ab 13.30 Uhr (für 5 €/Stunde bis 17.00 Uhr, dann 8 €/Stunde) und für die Kinder der Ganztagsgruppe ab 17.00 Uhr (für 8 €/Stunde) zusätzliche Betreuung anbietet.

Bei Buchung und Nicht-Inanspruchnahme entsteht eine Gebühr von 5 €.

Die Kinder der Halbtagsgruppe werden, wenn sie zusätzliche Betreuungszeit gebucht haben, nachmittags zusammen mit den Kindern der Ganztagsgruppe betreut. Ab 17.00 Uhr steht eine Mitarbeiterin zur Verfügung, die vom Träger ebenfalls für ihre Arbeit pro Stunde bezahlt wird. Das könnte eine zusätzliche Fachkraft als Honorarkraft auf 400 €-Basis sein oder eine Fachkraft der Einrichtung, die sich durch diese Extra-Bezahlung ihr Gehalt aufbessert. In der Praxis der Einrichtung haben diese Aufgabe oftmals eine oder zwei Jahrespraktikantinnen im Anerkennungsjahr übernommen.

Das Angebot der Zusatzbetreuung wird in der Einrichtung vorgehalten, aber nicht täglich genutzt. In der Praxis hat sich gezeigt, dass ein- bis zweimal die Woche Betreuung bis 18 Uhr nachgefragt wird. Die nachmittägliche Zusatzbetreuung für Kinder mit Halbtagsplätzen ist organisatorisch gut zu bewältigen, da ohnehin genügend Erzieherinnen im Haus anwesend sind. Diese zusätzliche Betreuung wird nicht nur von Eltern genutzt, die dringende berufliche Aufgaben zu erledigen haben, sondern durchaus auch einmal in Anspruch genommen, um sich selbst etwas Gutes zu tun und z. B. zum Frisör zu gehen.

In folgendem Schaubild werden die verschiedenen Module sichtbar:

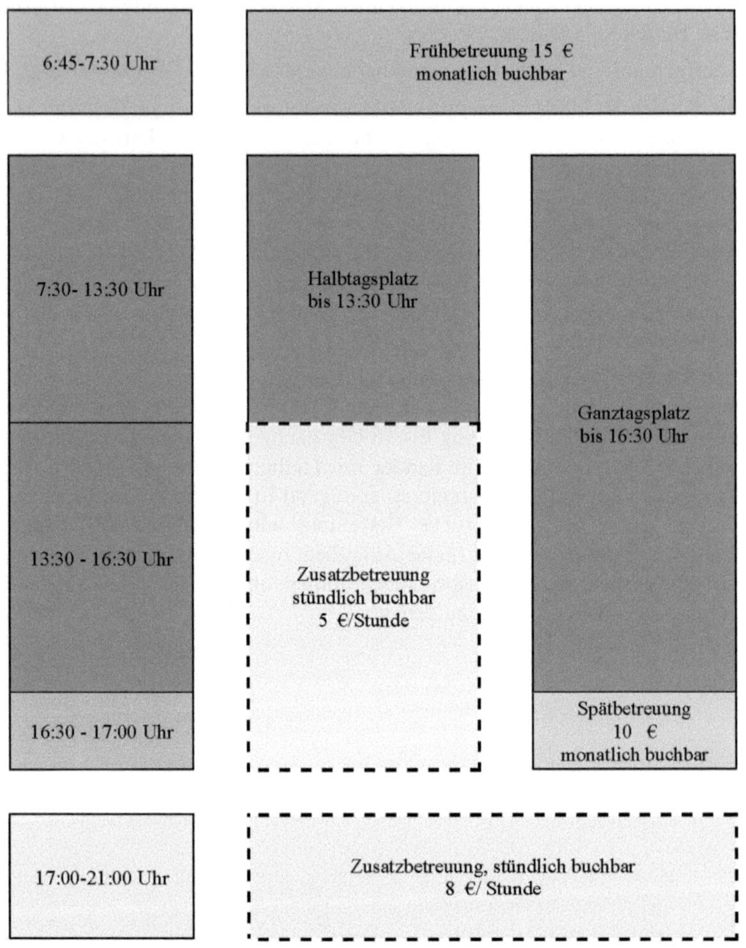

2.2.1.2 Flexibilisierung innerhalb der festgelegten Öffnungszeiten

Auch wenn man aus verschiedenen Gründen, wie z. B. fehlende finanzielle Mittel, die Öffnungszeit einer Einrichtung nicht ausweiten möchte, so kann man doch durch eine weitgehende Form der Flexibilisierung der Betreuungszeiten innerhalb der Öffnungszeiten den Familien und ihren Bedürfnissen entgegenkommen.

Flexibilisierung kann dabei so weit gehen, dass es nur ein bestimmtes Mindeststundenkontingent pro Woche gibt, welches die Familie ausschöpft und bezahlt (z. B. 12 Stunden/Woche à 4 €/Stunde in einer Kinderkrippe eines freien Trägers in Hessen).

Es ist aber auch möglich, dass ein Halbtagsplatz (bis 12.30 Uhr) der Betreuung zugrunde gelegt wird, und man dann alle Module fest oder flexibel buchen kann.

Ein kommunaler Träger in Hessen realisiert für seine Einrichtungen dabei folgendes Modulsystem:

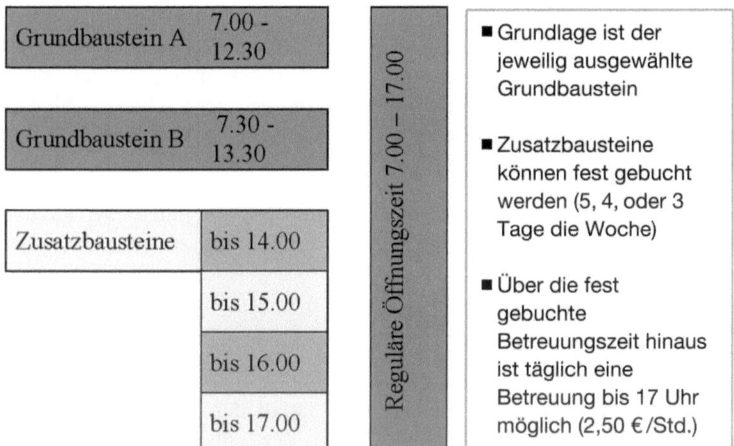

2.2.2 Aufgaben der Leitung

Eine Ausweitung von Öffnungszeiten und/oder eine Flexibilisierung der Betreuungszeiten bringt für die Leitung zusätzliche Aufgaben mit sich. Eine gute Arbeitsorganisation bzw. zusätzliche Freistellungsstunden (falls die Leitung nicht freigestellt ist) sind nötig, damit die Aufgaben bewältigt werden können.

Die zusätzlichen Aufgaben ergeben sich aus der jeweiligen Situation vor Ort und der Struktur und der Aufgabenverteilung zwischen Träger und Leitung.

Als zusätzliche Leitungsaufgaben sehe ich hier insbesondere die Befragung der Eltern (evtl. Trägeraufgabe), Dienstplangestaltung, evtl. Personalbedarfsermittlung, Planung der Angebote (z. B. Abendmahlzeit), Erfassung der zusätzlichen Betreuungsstunden, Weiterleitung der zusätzlich in

Anspruch genommenen Stunden bzw. direkte Abrechnung, Öffentlichkeitsarbeit und Ähnliches.

2.2.3 Fazit

Ausweitung bzw. Flexibilisierung der Betreuungszeiten sind nötig, um Familien die notwendige Unterstützung für die Vereinbarkeit von Familie und Beruf zu geben. Die Bemühungen sind dabei nicht nur für die Eltern positiv, sondern auch Kinder können durch gelassene Eltern und verlässliche Betreuung profitieren.

Auch dem Träger bzw. der Einrichtung kommt die Flexibilisierung letztlich zugute – die Position der Einrichtung auf dem Markt wird durch das für Familien attraktive Angebot gestärkt – die Einrichtung und der Träger können ihr Profil im Vergleich zu anderen Anbietern schärfen, bleiben konkurrenzfähig und sichern somit langfristig ihr „Überleben“ und ihre Arbeitsplätze.

Ein Blick auf die eigene Situation vor Ort und den Mut und die Kreativität, neue Angebote passend zu der eigenen Einrichtung zu gestalten, lohnt sich also für alle Beteiligten!

2.3 Preispolitik

Die Preispolitik im Bereich der Kitas ist in der Regel stark eingeschränkt.

Prüfen Sie:

- Wie wird der Preis (Elternbeitrag) festgelegt?
- Gibt es von Seiten der Einrichtung Möglichkeiten der Einflussnahme?
- Gibt es Möglichkeiten, zusätzliche Einnahmequellen zu schaffen, die der Einrichtung dann zugute kommen können, z. B. über einen Förderverein oder den Elternbeirat?

Bei kommunalen Einrichtungen werden die Gebühren mittels einer Gebührensatzung festgelegt. Kirchliche Einrichtungen lehnen sich meist an die Gebührensätze der öffentlichen Einrichtungen an.

Für die freien Träger, die die Preise für die Betreuung in ihrer Einrichtung selbst festlegen, ist es zunächst wichtig, ob sie Zuschüsse der Kommune oder des Landes erhalten, die sie auf die Elternbeiträge umlegen können. Die real existierenden Kosten müssen auf jeden Fall gedeckt werden, damit sich der freie Träger halten kann.

Um die eigenen Gebühren mit denen der Nachbareinrichtung oder den Nachbarkommunen vergleichen zu können, kann man als Hilfsmittel die Berechnung einer fiktiven Monats-Betreuungsstunde anlegen (es handelt sich hierbei nicht um die tatsächlichen Kosten einer Betreuungsstunde, aber um eine vergleichbare Größe, unabhängig von den Öffnungszeiten).

Man kann diese Kennzahl ermitteln, indem man den Monatsbeitrag (in Euro) durch die Anzahl der Betreuungsstunden pro Tag teilt. Die Kennzahl als Ergebnis hat die Einheit „Euro pro Stunde".

Hiermit lassen sich die Beiträge von Einrichtungen vergleichen, die jeden Tag dieselben Öffnungszeiten anbieten (z. B. Einrichtung A: Montag-Freitag von 7:30–17:00 Uhr, Einrichtung B: Montag–Freitag von 7:00–15:00 Uhr). Es ist zu beachten, dass die Einrichtungen vergleichbare Schließzeiten haben müssen (also nicht Einrichtung A hat sechs Wochen im Jahr geschlossen, Einrichtung B nur eine Woche)

$$K_{fM} = \frac{Monatsbeitrag\ [Euro]}{Betreuungsstunden\ pro\ Tag\ [h]}$$

Berechnungsbeispiel:

Platzangebot A:

Teilzeitplatz, tägliche Öffnungszeit 7:00–14:00 Uhr → 7 Stunden

Monatsbeitrag: 156 €

Betreuungsstunden pro Tag: 7

$$K_{fM} = \frac{156}{7} = 22{,}29$$

Platzangebot B:

Ganztagsplatz, tägliche Öffnungszeit 7:00–17:00 Uhr → 10 Stunden

Monatsbeitrag: 179 €

Betreuungsstunden pro Tag: 10

$$K_{fM} = \frac{179}{10} = 17{,}90$$

Schließt z. B. freitags eine Einrichtung deutlich früher, kommt es mit der einfachen Methode zu einer Abweichung von in unserem Fall bis zu über 8 %.

In diesen Fällen ist es besser, die Kennzahl für die „fiktive Wochenbetreuungsstunde" zu ermitteln. Man erhält sie durch die Bildung der Differenz aus dem Monatsbeitrag in Euro und der Summe der Betreuungsstunden pro Woche:

$$K_{fW} = \frac{Monatsbeitrag\ [Euro]}{Betreuungsstunden\ pro\ Woche\ [h]}$$

Berechnungsbeispiel:

Einrichtung A:

Regelplatz, Öffnungszeit Montag–Donnerstag 7:30–12:30 Uhr (5 Stunden) und 13:30–16:00 Uhr (2,5 Stunden), Freitag 7:30–12:30 Uhr (5 Stunden)

Monatsbeitrag: 120 €

Betreuungsstunden pro Woche: (4*5) + (4*2,5) + 5 = 35

$$K_{fW} = \frac{120}{35} = 3{,}43$$

Platzangebot B:

Regelplatz, Öffnungszeit Montag–Donnerstag 8.00–12.00 (4 Stunden) + 14.00–16.30 Uhr (2,5 Stunden), Freitag 8:00–12:00 Uhr (4 Stunden)

Monatsbeitrag: 179,80 €

Betreuungsstunden pro Woche: (4*4) + (4*2,5) + 4 = 30

$$K_{fW} = \frac{179{,}80}{30} = 5{,}99$$

Diese Werte sind, wie gesagt, nur Kennzahlen und dienen lediglich dem Vergleich mit einer anderen Einrichtung.

Nicht immer wählen Eltern den günstigsten Anbieter der Kinderbetreuung aus: Das Angebot der Einrichtung ist für viele Familien wichtiger als der Preis. Je nach Kundengruppe und Einzugsgebiet etablieren sich auch besonders hochpreisige Einrichtungen, die ihrer Kundschaft dann auch einen besonderen Service, z. B. mehrsprachige Erziehung, Instrumentalunterricht, Fahrdienste und Übernachtungen anbieten.

2.3.1 Zusätzliche Einnahmemöglichkeiten durch einen Förderverein

Da in vielen Einrichtungen die Strukturen verhindern, zusätzliche Angebote mit einem zusätzlich von den Eltern zu entrichtendem Entgelt anzubieten, gibt es die Möglichkeit, einen gemeinnützigen Förderverein zu gründen. Dieser Verein kann Kurse, Kinderbetreuung etc. anbieten und die Überschüsse der Einrichtung als Spende zukommen lassen. Es wäre auch denkbar, dass der Verein ein Konto anlegt, um mit dem Geld auf diesem Konto besondere Wünsche der Einrichtung zu finanzieren. Der Verein würde in einem solchen Fall über die Verwendung der von ihm erwirtschafteten Gelder mitentscheiden.

Ein solcher Förderverein kann von Eltern und Erzieherinnen gegründet werden. Die Kursleiter oder Betreuer (z. B. für einen Musikkurs oder eine Samstags-Shopping-Betreuung) werden vom Verein beauftragt und können nach § 3 Abs. 26 EStG als Übungsleiter vergütet werden. Diese Übungsleiterpauschale ist übrigens bis zu einem Betrag von 2100 € pro Jahr steuerfrei.

Zur Ausgestaltung der Elternbeiträge und Finanzierung der Zusatzangebote gibt es verschiedene Möglichkeiten:

- Der Mitgliedsbeitrag der Eltern an den Förderverein ist so hoch, dass sie alle Angebote des Vereins ohne weitere Kosten nutzen können.
- **Oder** der Mitgliedsbeitrag ist gering, aber alle in Anspruch genommenen Angebote werden separat bezahlt.
- **Oder** jedes Elternteil kann ohne Vereinsmitgliedschaft die Angebote in Anspruch nehmen. Die in Anspruch genommenen Angebote werden bezahlt, sind aber teurer als die für Vereinsmitglieder.

Weitere Einnahmen kann der Verein generieren, wenn er z. B. auf Festen oder Veranstaltungen eine Kuchentheke oder bei der Aufführung des örtlichen Laientheaters die Verpflegung und den Getränkeausschank in der Pause übernimmt.

2.4 Kommunikationspolitik

Die Kommunikationspolitik ist neben der Produktpolitik für Kitas ein besonders wichtiger Teil des Marketings. Sie beinhaltet sämtliche Aktivitäten, die auf Kenntnisse, Einstellungen und Verhaltensweisen der Marktteilnehmer gegenüber der Unternehmensleistung einwirken.

> Die Kunden sollen mit Hilfe einer geeigneten Kommunikation und mit geeigneten Kommunikationsmitteln über die Leistung des Unternehmens bzw. der Einrichtung informiert werden. Das Ziel ist es, Interesse für das Angebot zu wecken, mögliche negative Einstellungen zu korrigieren, Unwissen zu beseitigen und Beweggründe für den Kauf des Produktes zu vermitteln.

Die klassischen Kommunikationsmittel des Marketings sind Werbung, Verkaufsförderung und Öffentlichkeitsarbeit.

Im Folgenden finden Sie kurze Informationen über die verschiedenen Kommunikationsmittel. Das für den Bereich der Kitas wichtigste Mittel, nämlich die Öffentlichkeitsarbeit, wird in einem eigenen Kapitel ausführlicher behandelt.

2.4.1 Werbung

Werbung für bestimmte Leistungen oder Produkte ist langfristig angelegt. Sie dient dazu, neue Kunden zu gewinnen, neue Produkte bekannt zu machen und bei den Kunden Bedürfnisse zu wecken.

Ganz einfach lässt sich dies so zusammenfassen: Wer (Unternehmen) sagt was (Werbebotschaft) zu wem (Kunde) durch welchen Kanal (Medien, Werbeträger) mit welcher Wirkung (Reaktion, Werbeerfolg)?

Folgende Grundsätze sollten beachtet werden:

Wirksamkeit

- Die Werbung muss die Motive des Umworbenen ansprechen.
- Die Werbung soll Kaufwünsche verstärken und zu Kaufhandlungen führen.
- Die AIDA-Formel kommt zum Einsatz
    1. **A**ttention (**A**ufmerksamkeit) – Die Aufmerksamkeit des Kunden wird angeregt.
    2. **I**nterest (Interesse) – Er interessiert sich für das Produkt. Das Interesse des Kunden wird erregt.
    3. **D**esire (**V**erlangen) – Der Wunsch nach dem Produkt wird geweckt. Der Besitzwunsch wird ausgelöst.
    4. **A**ction (**A**ktion, Handeln) – Der Kunde kauft das Produkt.

Wahrheit und Klarheit

- Die Werbung muss sachliche Informationen transportieren.
- Sie darf nicht übertreiben.

Wirtschaftlichkeit

- Ertrag und Aufwand müssen sich rechnen.

Man unterscheidet zwischen **Werbemitteln** und **Werbeträgern,** mit deren Hilfe die Werbebotschaft transportiert wird.

Die wichtigsten **Werbemittel** sind:

- Werbebriefe,
- Prospekte,
- Werbeanzeigen,
- Wurfsendungen,
- Plakatwerbung,
- Radio-, Fernseh- oder Kinowerbung,
- Flyer/Flugblätter,
- Verkehrsmittelwerbung,
- Werbegeschenke.

Die wichtigsten **Werbeträger** sind:

- Tages- oder Wochenzeitungen, Sonntagszeitungen,
- Fachzeitschriften,
- Kundenzeitschriften,
- Radio, Fernsehen, Kino,
- Verkehrsmittel und
- Außenwerbung.

2.4.2 Verkaufsförderung

Bei der Verkaufsförderung geht es darum, durch bestimmte Maßnahmen eine Ankurbelung des Verkaufs anzuregen, z. B. durch einen verkaufsoffenen Sonntag, Abendshopping etc. Die Wirkung ist eher kurzfristig einzustufen.

Wichtig beim persönlichen Verkauf ist jedoch, dass der Verkäufer Fachwissen und Ehrlichkeit zeigt, dass er das Produkt in all seinen Facetten präsentiert und ausführlich informiert. Ein Verkäufer, der persönlichen Kontakt zu dem Kunden hat, kann zudem auch Emotion und Erlebnisse vermitteln.

Dies erreichen Unternehmen mit einer gezielten Auswahl ihrer Verkaufsmitarbeiter und durch Schulungen des Verkaufspersonals.

Auch wenn sich dies zunächst abwegig anhört, kann eine Kita auch aus diesen Erkenntnissen einen Nutzen ziehen: Achten Sie darauf, dass die Beratung, die Sie z. B. an Infonachmittagen bieten, fachlich fundiert und individuell ist, dass Sie sich sprachlich gut ausdrücken und dass das Erscheinungsbild (sowohl von Ihnen als auch von den Räumlichkeiten) ansprechend ist. Setzen Sie nur Mitarbeiter für solche Informationsgespräche oder sonstige repräsentative Aufgaben ein, die diese Kriterien auch erfüllen.

2.4.3 Öffentlichkeitsarbeit

Bei der Öffentlichkeitsarbeit, die auch als PR bezeichnet wird, geht es darum, die Beziehungen zur Öffentlichkeit systematisch zu pflegen. Das Ziel ist, ein positives Bild von Ihrer Einrichtung in der Öffentlichkeit aufzubauen und zu erhalten sowie Vertrauen in Ihre Leistung zu schaffen.

Die Öffentlichkeit bezieht sich dabei auf die jetzigen und potentiellen Kunden, das Umfeld in der Gemeinde oder der Stadt, andere Institutionen, die Fachöffentlichkeit, aber auch auf die Mitarbeiter und evtl. vorhandenen Kooperationspartner.

Mit verschiedenen Maßnahmen und deren bewussten Gestaltung kann eine Einrichtung ihre Öffentlichkeitsarbeit verbessern. Achten Sie darauf, dass Sie ...

- ... regelmäßig über die pädagogische Arbeit in der Einrichtung berichten und die Arbeit dokumentieren;
- ... nicht nur intern, sondern auch in der Öffentlichkeit über die Pädagogik Ihrer Einrichtung und die Bedeutung dieser Arbeit für das Aufwachsen der Kinder berichten;
- ... deutlich machen, dass in Ihrer Einrichtung Fachkräfte arbeiten, die einen wichtigen Beitrag für die Gesellschaft leisten. Zeigen Sie auch durch Ihr öffentliches Auftreten, dass in der Kita keine „spielenden Kaffeetanten“ arbeiten, sondern professionelle Pädagogen, die Wertschätzung verdienen.

2.5 Distributionspolitik

Im Wirtschaftsleben umfasst die Distributionspolitik alle Entscheidungen und Aktivitäten, die dazu dienen, das Produkt vom Ort seiner Entstehung zu den Kunden zu bringen. Die Unternehmen müssen über den Absatzweg (direkt oder indirekt über einen Zwischenhändler) entscheiden und außerdem über die Logistik nachdenken.

Im Bereich der Kitas ist eine klassische Distributionspolitik also nicht möglich, da das Produkt „Bildung, Erziehung und Betreuung“ direkt an die Einrichtung gebunden ist.

Dennoch kann man sich die Fragen stellen, wie das Produkt zum Kunden kommt:

- Welche Möglichkeiten zur Anmeldung gibt es (direkt in der Einrichtung, feste Infotermine, Infotage mehrerer Einrichtungen gemeinsam, Anmeldung über gemeinsame Formulare bei der Kommune etc.)?
- Kann man eine Möglichkeit zur Online-Anmeldung einrichten?
- Können Hol- oder Bringdienste eingerichtet werden?
- Hat die Kita einen Internetauftritt, mit dessen Hilfe Eltern sich umfassend und aktuell über die Einrichtung informieren können?

2.6 Ziele finden und festlegen

Aus den oben stehenden Überlegungen, Anregungen und Analysen gilt es nun, Ziele zu finden, an denen Sie weiter arbeiten möchten. Die Auswahl können Sie als Leitung treffen oder Sie besprechen dies gemeinsam mit ihrem Träger oder im Team – je nach Organisationsstruktur. Treffen Sie eine Auswahl nach Wichtigkeit und Realisierbarkeit und formulieren Sie dann das zu erreichende Ziel.

Dabei ist es entscheidend, dass die Formulierung so gewählt ist, dass das Ziel

- erreichbar ist und der Zeitpunkt der Erreichung angegeben ist;
- einen gewünschten Zustand in der Zukunft beschreibt;
- positiv formuliert ist;
- die Zielgruppe benennt, wenn es um Menschen geht, und
- zur Handlung auffordert – ein Ziel kann nicht etwas sein, was ohnehin von alleine eintreten wird

Ein Ziel ist SMART

S	– spezifisch: Ein konkretes Teilziel oder Ergebnis ist angegeben.
M	– messbar: Der Grad der Zielerreichung lässt sich beobachten oder messen.
A	– akzeptabel: Es gibt einen Minimalkonsens darüber, dass dieses Ziel (evtl. neben anderen) verfolgt werden soll.
R	– realistisch: Das Ziel ist unter den gegebenen finanziellen, persönlichen, personellen, strukturellen und politischen Rahmenbedingungen erreichbar.
T	– terminiert: Es ist ein Zeitpunkt angegeben, wann das Ziel erreicht werden soll.

Um die Handlungsschritte, die zur Zielerreichung führen sollen, zu planen und zu überwachen, können Sie sich eine Checkliste anlegen.

Diese könnte wie folgt aussehen:

Rahmenziel	Teilziele	Maßnahmen	Ressourcen (Zeit, Geld)	Verantwortlichkeit	Dokumentation
		Hier nur eine Kurzfassung eintragen – für die Maßnahmenplanung eine Extra-Liste anlegen!			

Die Planung der einzelnen Maßnahmen könnte dann so erfolgen:

Ziel:					
Was ist zu tun?	Wann?	Wer?	Wie?	Wo?	erledigt

3. Entwicklung einer Marke

Marketing kann als Instrument eingesetzt werden, um folgende Ziele zu erreichen:

Das **Globalziel,** nämlich die Sicherung des Fortbestehens des eigenen Unternehmens, lässt sich direkt auf Kitas und deren Träger übertragen. Auch hier geht es darum, langfristig den eigenen Bestand durch eine gute Position am Markt zu sichern.

Als Beispiel für ein **ökonomisches Ziel** im Bereich der Kitas könnte die Auslastung der vorhandenen Platzkapazität genannt werden. Dies ist auch besonders wichtig im Hinblick auf die subjektbezogene Förderung von Kitas, die in einigen Bundesländern praktiziert wird bzw. zukünftig praktiziert werden soll. Hier werden nur tatsächlich belegte Plätze und nicht die vorgehaltene Anzahl von Betreuungsplätzen finanziell bezuschusst. Auch die Ausweitung (und anschließende Belegung) von Betreuungsplätzen kann ein solches ökonomisches Ziel sein.

Im Bereich der **verhaltenswissenschaftlichen Ziele** kann es im Bereich der Kitas darum gehen, Kunden mit Hilfe der Markenführung solcherart zu beeinflussen, dass sie die „Marken-Kita" anderen Betreuungseinrichtungen vorziehen und dort ihr Kind betreuen lassen (möchten). Das Image der Einrichtung spielt hier eine entscheidende Rolle: Kunden, aber auch (potentielle) Mitarbeiter oder andere Anspruchsgruppen, wie z. B. Förderer, lassen sich durch das Image oder die Bekanntheit der Marke beeinflussen.

Nicht nur zur Erreichung der oben genannten Ziele lässt sich die Markenführung als Managementinstrument einsetzen, sondern sie lenkt auch einrichtungs- oder unternehmensintern den Blick auf wichtige Schlüsselfaktoren: Im Bereich der Dienstleistung, in dem sich verschiedene Einflüsse auf die Leistung auswirken, liegt ein besonderer Schwerpunkt auf der Qualitätssicherung sowie auf der ganz entscheidenden Rolle der Mitarbeiter. Auch hier kann eine klare und nach innen kommunizierte Markenidentität wesentlich zum Erfolg beitragen.

3.1 Markenführung

Eine professionelle Markenführung wird bewusst gestaltet und aktiv geplant. Dies erfordert ein systematisches Konzept, dass aus mehreren Schritten besteht. Es empfiehlt sich, ein schriftliches Konzept der Markenführung zu entwickeln und festzuhalten, um sicherzustellen, dass alle relevanten Beteiligten die Entscheidungen zur Markenführung kennen und umsetzten können (vgl. zur gesamten Darstellung der Konzeption *Herbst,* S. 147 ff.).

Vier Schritte können zu einer Konzeption der Markenführung herangezogen werden:

- **Analyse:** Überprüfung und Bewertung der Ausgangssituation, Formulierung von konkreten Aufgaben für die Markenführung.
- **Planung:** Starkes und stimmiges Vorgehen entwickeln.
- **Kreation:** Lösung in Design, Kommunikation und Verhalten umsetzen.
- **Kontrolle:** Kontrolle der Markenziele zur Sicherstellung der Ergebniserreichung.

Analyse

Die Analyse kann methodisch in die drei Schritte

- **Sammeln von Informationen,**
- **Bewerten der Informationen** und
- **Ableiten von Aufgaben für die Markenführung**

gefasst werden.

Das **Sammeln von Informationen** bezieht sich dabei auf alle internen und externen Informationen, die Aufschluss über die Markenführung des Unternehmens geben können.

Übersicht über mögliche Analysefelder und Untersuchungsfragen

Gegenstand der Analyse	Analysefragen
Markenprofill	Was ist der Marke wichtig? Was bildet den Markenkern? Stimmt die derzeitige Markenidentität mit dem Leitbild überein? Wird nach der Markenidentität gehandelt?
Markenleitbild	Gibt es ein (Marken-)Leitbild? Ist es angemessen, um die Marke gut zu positionieren? Kennen es alle Beteiligten und handeln sie danach?
Markeninstrumente	Werden die Instrumente Markendesign, Markenkommunikation und Markenverhalten genutzt? Sind die Instrumente widerspruchsfrei kombiniert? Sind sie so geplant, dass sie das Markenleitbild bzw. die Markenidentität vermitteln?

Gegenstand der Analyse	**Analysefragen**
Markenbekanntheit und -image	Wie hoch ist die Markenbekanntheit im Vergleich zu den Konkurrenzmarken? Stimmen Image und Leitbild überein? Welche Nischen ergeben sich für das Markenimage? Welche Bestandteile des Markenimages müssen gestärkt, welche beseitigt werden?
Organisation der Markenführung	Wie viele Personen sind an der Markenführung beteiligt und wie sind sie aus- bzw. fortgebildet? Verteilung von Rollen und Verantwortlichkeiten. Welche Prozesse/Strukturen gibt es? Reicht das Budget? Wie wirkt sich die Unternehmenskultur auf die Markenführung aus?

Auch diese Erkenntnisse können mittels einer SWOT-Analyse bewertet werden. Dies könnte z. B. so aussehen:

Stärken (**S**trengths)	Chancen (**O**pportunities)
Es gibt eine klare Markenidentität und ein Leitbild, welches allen Mitarbeitern bekannt ist und als Grundlage das Handelns dient.	Die Zielgruppe wächst durch die Erschließung eines neuen Wohngebietes. Die Marke spricht Bedürfnisse an, die zukünftig wichtig für die Zielgruppe werden (gesicherte Betreuung und besonderer Schwerpunkt auf Bildungsthemen).
Schwächen (**W**eaknesses)	Risiken (**T**hreats)
Geringe Bekanntheit der Marke bei den relevanten Zielgruppen. Es gibt noch kein ansprechendes Design als äußeres Merkmal.	Bedrohung der Existenz der Einrichtung durch zu geringe Auslastung aufgrund der geringen Bekanntheit.

Die Analyse schließt ab mit der Formulierung bestimmter Aufgaben für die Markenführung. Beispielhaft für die Aufgaben der Markenführung eines Trägers könnten folgende Formulierungen stehen:

- Entwicklung und konsequente Umsetzung/Anwendung des Markendesigns;
- Markenkommunikation nach außen: Transport der kognitiven Inhalte (Konzept als Markenidentität) und die Anregung der emotionalen Ebene (Bilder etc.);
- Markenbekanntheit stärken;
- Differenzierung der eigenen Marke im Vergleich zu den anderen ansässigen Kitas für den Kunden deutlich herausarbeiten.

Planung

Ein Gesamtplan legt Schritte fest, wie die Aufgaben, die die Analyse für die Markenführung ergeben hat, bestmöglich gelöst werden können. Auch Zeitplan und Budget müssen in der Planung bedacht werden.

Drei Bausteine sind bei der Festlegung von Aufgaben von zentraler Bedeutung:

- Welche Ziele sollen erreicht werden? – **Was**
- Mit welchen Strategien sollen die Ziele erreicht werden? – **Wie**
- Mit welchen Maßnahmen sollen die Ziele erreicht werden? – **Womit**

Die Strategien, die sich aus den Zielen ableiten, können als grundlegende Richtlinien aufgefasst werden. Dabei müssen Leitbild und Konzeption, die angestrebte Positionierung und die Analyseergebnisse die Basis für Entscheidungen bieten.

Neben den in Kap. 1.7.2 erwähnten Marketing- und Markenstrategien sind weitere Strategien zu bestimmen:

- Segmentierungsstrategie – Welche Zielgruppe soll bedient werden? Z. B. nur Kitas für besser Verdienende oder für alle Familien offen?
- Gebietsstrategie – lokal, regional, national, international – Wechsel im Zeitverlauf möglich (lokal beginnen und dann weiter ausweiten);
- Bekanntheitsstrategie – Bekanntheit langsam oder schnell steigend?

Anhand der Strategien der Markenführung werden Instrumente bestimmt, mit deren Hilfe die Marke bei den Bezugsgruppen bekannt gemacht und das Image der Marke aufgebaut werden kann.

Folgende Instrumente stehen zur Verfügung:

Markendesign (Brand Design)

Das äußere Erscheinungsbild der Marke soll beim Nutzer starke innere Bilder hervorrufen und beständig sein. Logo, Farb- und Schriftvorgaben etc. (auch z. B. für Geschäftsbriefe, Emails) sollten als Vorgaben in einem Brand Design Manual festgelegt werden und allen Beteiligten als Richtlinie dienen und zur Verfügung stehen.

Markenkommunikation (Brand Communication)

Durch widerspruchsfreie und abgestimmte Kommunikation wird die Marke nach innen und außen vermittelt. Zum Bereich der Markenkommunikation gehören Werbung (Gestaltung der Werbemittel, Werbebotschaft), Verkaufsförderung (Gestaltung der Aktionsmittel, z. B. Packungen mit Zusatznutzen oder Gratisproben), Public Relations (Gestaltung der Medienarbeit) und interne Medien (schriftliche Informationen, schwarzes Brett, Intranet aber auch z. B. regelmäßige Mitarbeiterbesprechungen etc.

Markenverhalten (Brand Behaviour)

Umsetzung des leitbildgerechten Verhaltens über die Personalführung.

Kreation

Die Kreation bezieht sich auf die wirkungsvolle Gestaltung der geplanten Instrumente. Eine Werbeagentur kann/sollte hinzugezogen werden. Die Themen der Kreation – Markennamen, Logo und Farben – werden in Kap. 3.3.1 näher betrachtet.

Kontrolle

Die Ergebniskontrolle, d. h. ein Controlling im Sinne eines integrierten Planungs- und Steuerungsprozesses, dient zum einen dazu, festzustellen, ob das Marketing- bzw. Markenführungskonzept zum Erfolg führt und zum anderen dazu, gegebenenfalls weitere Schritte einzuleiten oder Maßnahmen entsprechend zu korrigieren.

3.2 Markenidentität – Entwicklung und Umsetzung

Die Basis für die Markenidentität bildet in einer Kita die pädagogische Konzeption, die im Sinne einer qualitativ hochwertigen Markenleistung fundiert und auf dem neuesten Stand der pädagogischen Erkenntnisse sein sollte. Die Konzeption stellt den Kern der Markenidentität dar. Das pädagogische Angebot der Einrichtung oder des Trägers sollte dabei dazu beitragen, die eigene Einrichtung von anderen Einrichtungen zu differenzieren. Gleichzeitig soll im Angebot als Marke der Kundennutzen deutlich gemacht und identifikationsstiftende Merkmale herausgearbeitet und dargestellt werden.

3. Entwicklung einer Marke

Das Schaubild zeigt, welche Schritte aufeinander folgen können:

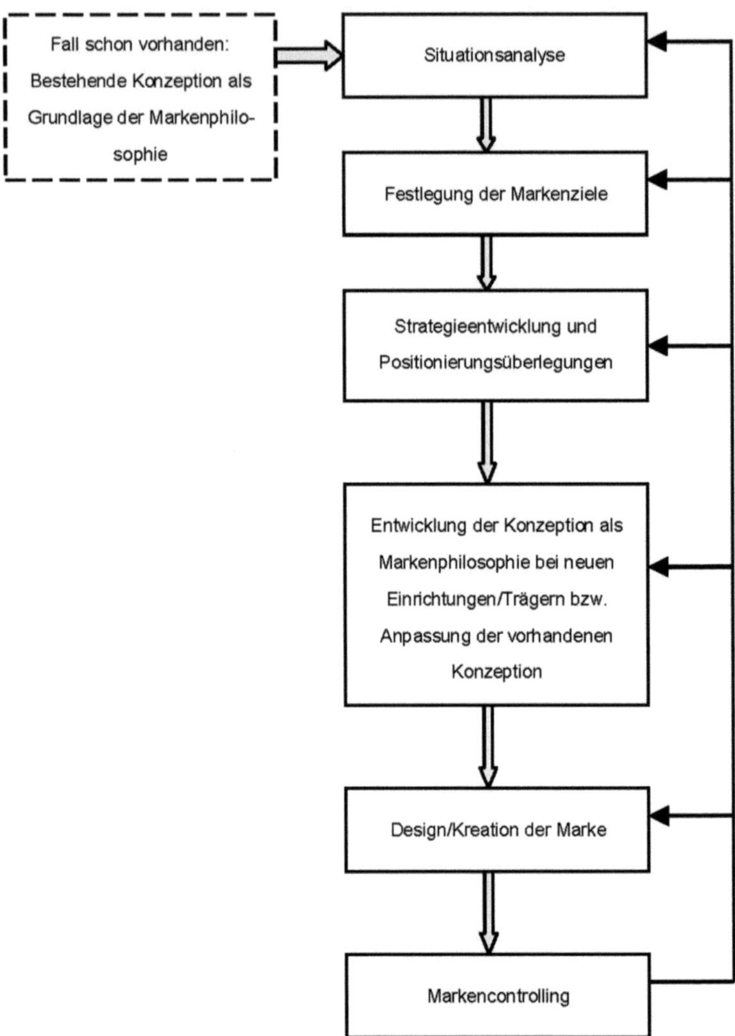

Abb. 5: Entwicklungsschritte der Markenführung

Mit der Entwicklung einer Konzeption auf der Basis neuer wissenschaftlicher und praktischer Erkenntnisse ist der erste Schritt in Richtung Markenidentität getan. Aber auch andere Komponenten sind wichtig, um eine starke Markenidentität zu schaffen, z. B. das Markenzeichen oder das Erscheinungsbild der Einrichtung. (vgl. Abb. 2, Kap. 1.7).

3.3 Markenname und Markenzeichen

Adjouri (Adjouri, S. 45) hält folgende Regel fest: *„Der Name ist der wichtigste Baustein einer Marke!“* Der Name stellt eine Art Codewort dar, mit dem z. B. ein Käufer einem Verkäufer genau beschreibt, welches Produkt er haben möchte. Ist ein Markenname beim Kunden mit einer bestimmten Bedeutung besetzt, kann ein anderes Produkt, das den gleichen Namen trägt, sich nur schwer durchsetzen (z. B. Müller-Milch: Der Name Müller wird von vielen Konsumenten mit Milchprodukten gleichgesetzt – ein Müller-Weinbrand hätte keine guten Chancen).

Der Name erfüllt zwei wichtige Funktionen:

- Identifikationsfunktion (die Erkennung einer bestimmten Marke)
- Differenzierungsfunktion (die Unterscheidung zu anderen Marken)

Der Name muss vom Kunden schnell erfassbar sein. Um dies zu gewährleisten, ist ein kurzer Name von Vorteil. Fünf bis sechs Buchstaben (z. B. Nivea, Apple, Duden, Nokia) oder bei längeren Namen maximal vier Silben (z. B. Panasonic, Vodafone, Lufthansa) kennzeichnen die meisten erfolgreichen Markennamen. Längere Namen werden vom Konsumenten oft verkürzt (z. B. Mercedes für Mercedes-Benz)

Ein weiteres entscheidendes Kriterium für den Namen ist seine Prägnanz: Kürze, Klarheit Einfachheit und guter Klang sind entscheidend. Neben dem guten Klang sind die Botschaften, die ein Name vermittelt, von Bedeutung: Diese sollten positiv sein und nicht mit negativen oder anzüglichen Inhalten verknüpft (z. B. Audi „TT“ hat in der englischen Aussprache eine anzügliche Bedeutung und wurde dort durch einen anderen Namen ersetzt).

Der Markenname muss aber nicht nur prägnant, er muss auch in der Lage sein, die Differenzierungsfunktion zu erfüllen. Auch rechtlich gesehen sind zu allgemeine Namen nicht erlaubt, da sie nicht ausreichend unterscheidbar sind.

Ein Produkt oder eine Dienstleistung wird aber nicht nur durch einen Namen markiert, auch das Logo zählt zu den wichtigsten Zeichen der Marke. Das Logo bezeichnet das Firmen- oder Markenzeichen und ist in der Form eines Wort-Zeichens (Wortmarke), eines Bild-Zeichens (Bildmarke) oder eines Wort-Bild-Zeichens (Wort-Bildmarke) vorhanden.

Beispiele aus der Welt der Handelunternehmen sind

- der Schriftzug Coca Cola oder Tempo für ein Wort-Zeichen;
- der Mercedes-Stern oder der „grüne Punkt“ für ein Bild-Zeichen;
- das Logo von Dr. Oetker für ein Wort-Bild-Zeichen.

Auch in der Welt der Kitas oder ihrer Träger findet man verschiedene Beispiele der unterschiedlichen Zeichen wieder.

Das Logo erhöht den Wiedererkennungswert der Einrichtung und kann einen professionellen Eindruck unterstützen. Auf den Duckerzeugnissen der Kita, also Elternbriefen, Flyern, Visitenkarten, Plakaten, dem Türschild etc. sollte sich das Logo wiederfinden. Achten Sie also bei der Logoerstellung darauf, dass das Logo vielseitig und einfach einsetzbar ist und immer identisch aussieht. Es sollte als Grafikdatei vorhanden und so immer wieder reproduzierbar sein.

Worauf Sie noch achten sollten:

- Das Logo sollte nicht zu „verschnörkelt“ und kindlich aussehen;
- das Logo sollte einen Bezug zur Einrichtung erkennen lassen (Botschaft des Logos) – welche Symbole könnten zu Ihrer Einrichtung passen?
- Fühlt sich die Bezugsgruppe (z. B. Eltern) von dem Logo angesprochen?

Hier finden Sie einige Logobeispiele von Trägern oder Kitas:

Wort-Zeichen des freien Trägers educcare, Köln

Bild-Zeichen der Einrichtungen der Barmherzigen Schwestern vom hl. Vinzenz von Paul – es wird mit dem jeweiligen Schriftzug der Einrichtung ergänzt

Wort-Bild-Zeichen des evangelischen Kindergartens Binsenort, Hamburg-Lurup

Wort-Bild-Zeichen einer Dachmarke mit mehreren Wort-Zeichen für einzelne Einrichtungen

MiniMAZ

SchuKiMAZ Biebesheim

SchuKiMAZ Stockstadt

Abb. 6: Unterschiedliche Logos verschiedener Träger (eine farbige Abbildung finden Sie auf dem Einleger)

- Folgende Regeln werden von *Adjouri* (Adjouri, S. 60) für die Entwicklung bzw. die Qualität eines Logos benannt. Das Bild-Zeichen muss prägnant sein.
- Das Bild-Zeichen muss die positive Botschaft des Namens verstärken.
- Das Bild-Zeichen muss sich vom Wettbewerb unterscheiden und damit juristisch schutzfähig sein.
- Das Bild-Zeichen muss technisch umsetzbar sein (z. B. verkleinerungsfähig, Art und Anzahl der Farben, digital darstellbar).

Exkurs: Erfahrungsbericht Logoentwicklung

Im Frühjahr 2004 verabredete sich das Team des ev. Kindergarten Binsenort, sein Profil zu schärfen und sich des Besonderen und Typischen des Hauses und der Arbeit bewusst zu werden. Ziel sollte eine professionellere Öffentlichkeitsarbeit sein.

- Welche Farbe verbindest Du mit unserem Haus?
- Wenn unsere Kita ein Fahrzeug wäre, welches?
- Wer sind wir und was sind unsere Wurzeln?

Diese und ähnliche Fragen stellte *Erdmuthe Reinhardt,* Kitaleiterin, den Pädagoginnen auf einem zweitägigen Studientag.

Die wichtigsten Botschaften, die das Team den Kindern und ihren Familien mit auf dem Lebensweg geben will, wurden herausgearbeitet und die pädagogischen Ziele ausformuliert.

Es wurde gezeichnet, diskutiert und sortiert.

Aus allen Ergebnissen wurde immer wieder das Wichtigste heraussortiert.

Hier nur ein paar der gesammelten Stichworte:

Wir geben Schutz und Freiheit, wir sind eine große Gemeinschaft, bunt und lebendig. Grün als Zeichen dafür, dass die Kinder täglich in dem großen, naturbelassenen Grundstück herumtoben. Gott beschützt uns.

Die Quintessenz des Studientages ging an den Grafikdesigner *Tim Neugebauer.* Er entwarf aus dem Material drei sehr verschiedene Vorschläge für ein zukünftiges Logo.

Zwei „Bilder“ wurden von den Pädagoginnen gleich verworfen und eine Grundidee wurde begeistert ausgewählt. Das Thema „Beschütz und behütet werden“, stellte *Neugebauer* durch einen Schirm dar. Die Kinder halten in ihrer Hand eine Binse, ein Hinweis auf die Adresse: Binsenort. Die Entwürfe und Veränderungswünsche des Teams gingen noch ein paar Mal hin und her. Dabei ging es um die Feinplanung wie z. B. die Schrift, die Grundfarbe (grün für Aufwachsen und die Naturverbundenheit) und Größenverhältnisse.

Endlich „passte“ das Logo und es wurde feierlich, als offizielles Logo, mit einem Gottesdienst zum Thema „Gott ist uns wie ein schützender Schirm“ eingeweiht. Inzwischen ziert dieses Logo nicht nur offizielle Publikationen wie den Flyer und das Briefpapier, sondern auch die Eingangstür des im Jahr 2009 nach einem Erweiterungsbau eröffneten ev. Kindergartens Binsenort. Der Erweiterungsbau ist auch ein Ergebnis eines weiteren Studientages zum Thema: „Wie wollen wir in Zukunft gut für die Kinder und ihre Familien in unserer Kita arbeiten?“... Aber das ist ein neues Thema!

Nicht nur das Symbol, sondern auch die Farbe des Logos trägt zur Differenzierung bei und spielt daher eine wichtige Rolle. Sie ist allerdings nicht unbedingt notwendig – einige bekannte Marken verzichten auf Farbe (z. B. Mercedes oder Braun).

Wählt man eine Farbe, so sollte man die physiologische Wirkung der Farbe sowie die psychologische Wirkung (Pastellfarben für Light-Produkte, Grün für Gesundes) der Farbe beachten.

Im Internet finden sich die verschiedenen Wirkungen oder Assoziationen, die Farben hervorrufen. Hier eine Zusammenstellung:

Farbe	Positive Assoziationen	Negative Assoziationen
Rot	erregt Aufmerksamkeit, steht für Vitalität und Energie, Liebe und Leidenschaft	Wut, Zorn und Brutalität
Orange	Optimismus und Lebensfreude sowie Aufgeschlossenheit, Kontaktfreude und Jugendlichkeit, Gesundheit und Selbstvertrauen	Leichtlebigkeit, Aufdringlichkeit und Ausschweifung
Gelb	Licht, Heiterkeit und Freude sowie Wissen, Weisheit, Vernunft und Logik	Schmutzige Gelbtöne: Täuschung, Rachsucht, Pessimismus, Egoismus, Geiz und Neid
Grün	Großzügigkeit, Sicherheit, Harmonie, Hoffnung, Erneuerung des Lebens	Neid, Gleichgültigkeit, Stagnation und Müdigkeit
Cyan/Türkis	Wachheit, Bewusstheit, Klarheit, geistige Offenheit und Freiheit	kühl und distanziert
Blau	Ruhe, Vertrauen, Pflichttreue, Schönheit, Sehnsucht	Traumtänzerei, Nachlässigkeit oder Melancholie
Violett	Inspiration, Mystik, Magie und Kunst sowie Frömmigkeit, Buße und Opferbereitschaft	stolz und arrogant oder unmoralisch
Magenta/ Pink	Idealismus, Dankbarkeit, Engagement, Ordnung und Mitgefühl	Snobismus, Arroganz und Dominanz

Farbe	Positive Assoziationen	Negative Assoziationen
Weiß	Symbol der Reinheit, Klarheit, Erhabenheit und Unschuld	Unnahbarkeit, Empfindsamkeit und kühle Reserviertheit
Grau	Neutralität, Vorsicht, Zurückhaltung und Kompromissbereitschaft	Langeweile, Eintönigkeit, Unsicherheit und Lebensangst
Schwarz	Würde und Ansehen, besonders feierlicher Charakter	Trauer, Unergründlichkeit, Unabänderlichkeit und das Furchterregende, Geheimnisumwitterte

Am häufigsten anzutreffen sind Varianten der Grundfarben. Auch ungewöhnliche Farben kommen in Einzelfällen zum Einsatz (Magenta bei T-Com, Braun bei UPS). Sinnvoll kann dies bei einer großen Anzahl von Wettbewerbern oder fehlenden weiteren Differenzierungsmerkmalen sein – zu beachten ist allerdings, dass die Farben nicht störend oder negativ wirken, sondern die Wirkung der Marke positiv verstärken soll.

Im Hinblick auf das Logo ist es wichtig, dass sich die Farben und die Formen ergänzen und nicht gegenseitig stören. Das Gesamtbild sollte für das Auge des Betrachters einen angenehmen Eindruck hervorrufen.

Für den richtigen Einsatz von Farben sollte man sich zunächst die gewünschte Wirkung und die Zielgruppe anschauen: Möchte ich vornehmlich junge Familien ansprechen, dann kann ich eher kräftige Farben wählen. Ein Versicherungsunternehmen, das Sicherheit und Zuverlässigkeit vermitteln will, wird z. B. eher zu Blautönen in einer Kombination mit Schwarz, Weiß oder Grau tendieren.

Das Farbsechseck erleichtert die Farbwahl:

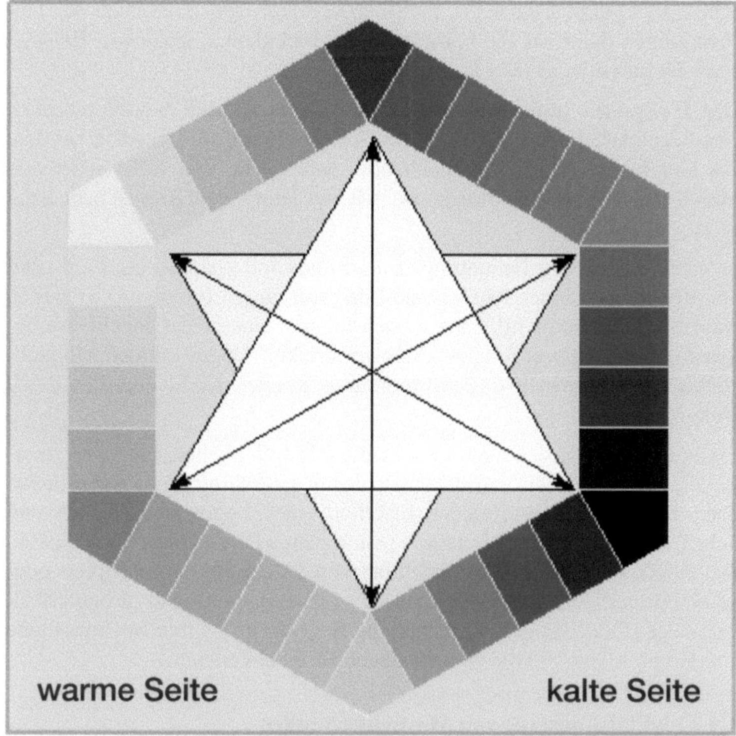

Abb. 7: Das Farbsechseck (eine farbige Abbildung finden Sie auf dem Einleger)

Harmonische Farbgestaltungen erreicht man, indem man bestimmte Farben miteinander kombiniert. Es gibt mehrere Möglichkeiten:

- Kombination von benachbarten Farbtönen
- Kombination von Farben der warmen Farbpalette
- Kombination von Farben der kalten Farbpalette
- Kombination einer Farbe mit Schwarz, Weiß oder Grautönen
- Kombination von einer aufgehellten Farbe mit der Vollfarbe
- Kombination eines warmen und eines kalten Farbtons als Kontrast
- Kombination von Komplementärfarben

Bei der Kombination von drei oder vier Farben ergeben sog. Farbklänge besonders harmonische Farbzusammenstellungen. Farbklänge haben die

Eigenschaft, dass ihr Abstand zueinander im Farbsechseck gleich ist. Sie lassen sich zusammenstellen, indem man gleichseitige Flächen, z. B. Dreiecke oder Quadrate über das Farbsechseck legt. Die Eckpunkte der Flächen zeigen dann auf die Farbtöne eines Farbklangs, in diesem Beispiel eines Farbdreiklangs oder Farbvierklangs.

Der Typografie, also dem Schriftbild, kommt speziell bei Wortmarken eine besondere Bedeutung zu: Hier sollte ein Schriftbild gewählt werden, das klar lesbar ist aber dennoch über ästhetische und differenzierende Merkmale verfügt. Eine Standardschrift wie Times New Roman oder Arial ist zu vermeiden.

Je nachdem, ob die Gestaltung eines Logos mit spezifischer Farb- und Schriftwahl von einer Kita alleine oder von einem (größeren) Träger in Angriff genommen wird, kann es sich lohnen, eine professionelle Werbeagentur damit zu beauftragen. „Selbstgestrickte“ Logos mit den Möglichkeiten eines normalen Office-Programms können leicht unprofessionell wirken.

Im Internet finden sich auch verschiedene Möglichkeiten, ein Logo zu erstellen. Diese reichen von der kostenlosen Erstellung eines Schriftlogos über das sehr günstige eigene Erstellen eines Logos mit Zeichen und Schrift bei Online-Druckereien, die auch gleich Briefpapier, Visitenkarten etc. liefern bis hin zur Logoerstellung von Designern zum Festpreis oder zu einem verhandelbaren Preis. Geben Sie einfach einmal „Logo erstellen“ oder „Gratis Logo“ oder ähnliche Begriffe in die ihre Suchmaschine ein und probieren Sie die verschiedenen Möglichkeiten aus.

3.4 Qualitätskonstanz von Markenleistungen

Die merkmalsbezogene Definition von Marken, die unter anderem die stets gleichbleibende gute Qualität von Markenleistung als ein entscheidendes Kriterium ansieht, ist im Bereich der Dienstleistungen schwierig umzusetzen.

Wie bereits erwähnt, ist der Leistungsempfänger (also Kinder und Eltern) unmittelbar an der Dienstleistung beteiligt und bringt so als „externer Faktor“ eine gewisse Unsicherheit in den Leistungsprozess.

Eine positive und wertschätzende Haltung des Leistungserbringers (also die Leitung oder die Erzieherinnen) wirkt sich positiv auf die Einstellung und Kooperationsbereitschaft des Leistungsempfängers aus. Der direkte Kontakt und das Auftreten der Leistungserbringer ist für den Kunden ein entscheidender Punkt in der Wahrnehmung der Qualität der Dienstleistung. *„In der persönlichen Kontaktsituation offenbart sich für den Nach-*

frager die abstrakte, immaterielle Dienstleistung und damit zugleich die Marke" (*Meffert/Burmann/Koers,* S. 419).

Im Spannungsfeld zwischen Kundenwunsch und Vermittlung der Markenidentität ergeben sich zwei vermeintlich konträre Positionen: Zum einen soll die Markenidentität durch einheitliches Auftreten und Handeln in der Gruppe dem Kunden vermittelt werden, zum andern ist es jedoch auch notwendig, im Kontext der Interaktion mit dem Kunden individuell zu reagieren, um diesem das Gefühl einer persönlich-individuellen Wertschätzung zu geben.

Der identitätsorientierte Ansatz der Markenführung sieht in diesen Ansprüchen jedoch keinen Widerspruch: *„Einheitliches Auftreten wird hier nicht verstanden als strikte Gleichförmigkeit sozialen Handelns, sondern als einheitliche Vermittlung der wichtigsten Komponenten der Markenidentität gegenüber dem Nachfrager als geschlossen auftretende Gruppe"* (*Meffert/ Burmann/Koers,* S. 420).

Übertragen auf den Bereich der Kitas erweisen sich ein gelebtes Konzept sowie ein Qualitätsmanagement, in welchem die entscheidenden Schlüsselprozesse geregelt sind, von zentraler Bedeutung für die Vermittlung von Markenidentität.

Die Konzeption spiegelt die Philosophie der Kita wider. Man kann die Konzeption als Kern der Marke und damit als wichtigen Teil der Markenidentität betrachten.

Ein Qualitätsmanagementsystem, welches Auskunft über die Schlüsselprozesse der Einrichtung gibt und diese soweit wie möglich standardisiert, bietet den Mitarbeiterinnen die Möglichkeit, die wichtigsten Komponenten der Markenidentität einheitlich zu vermitteln.

3.5 Die besondere Rolle der Mitarbeiter

Wie bereits mehrfach erwähnt, nehmen die Mitarbeiter im Prozess der Leistungserbringung und auch bei der Entstehung des Images als Fremdbild eine entscheidende Rolle ein. Ein innengerichtetes Markenmanagement ist also erforderlich, um die Markenidentität den Mitarbeitern zu vermitteln und um eine größtmöglichen Übereinstimmung zwischen der definierten Marke, dem Verhalten der Mitarbeiterinnen und der Außenwahrnehmung zu erzielen.

Folgende Punkte sind dabei hilfreich:

- Bei der Einstellung neuer Mitarbeiterinnen ist darauf zu achten, dass zwischen der Identität der Mitarbeiterin und der Markenidentität eine größtmögliche Übereinstimmung besteht. Die zentralen Werte der Marke sollten von der Mitarbeiterin angenommen werden können, ohne dass diese ihr eigenes Selbst verleugnen muss. Nur so kann sie den Nutzern gegenüber die Markenidentität vermitteln. Ein wichtiger Aspekt kommt der Einarbeitung zu: Die Markenidentität sollte der neuen Mitarbeiterin vermittelt werden, zugleich sollten mögliche neue Impulse, die sie der Marke geben kann, erkannt und gefördert werden.

- Durch die Marken-Kommunikation wird die Markenidentität vertieft, d. h. das Team muss sich immer wieder mit seiner Markenidentität (Konzeption) auseinandersetzen, diese umsetzen und nach außen tragen
- Unter Umständen kann der Kunde den Leistungserbringer durch positives Feedback soweit beeinflussen, dass die Kundenmeinung den Einfluss der Führungsperson ersetzt. Dieses sog. „substitute for leadership“ ist besonders häufig im Dienstleistungsbereich anzutreffen. Die Führungskraft muss, wenn das Kundenfeedback nicht markenkonforme Steuerungswirkung entfaltet, diesem durch entsprechende Maßnahmen begegnen.

Betrachtet man den Bereich der Kitas, so ist festzustellen, dass die genannten Stellhebel in den meisten Einrichtungen umgesetzt werden. Statt der Markenidentität spielt das Konzept bei Auswahl und Einarbeitung neuer Mitarbeiterinnen eine wichtige Rolle. Es wird darauf geachtet, dass die Grundeinstellung der Mitarbeiterin mit der Konzeption der Einrichtung übereinstimmt. Auch herrscht in den meisten Einrichtungen eine solche Atmosphäre, dass Verbesserungsmöglichkeiten, die durch die noch unvoreingenommene Sichtweise einer neuen Mitarbeiterin eingebracht werden, gerne aufgegriffen und zumindest diskutiert werden.

Die Marken-Kommunikation ist besonders dann wichtig, wenn die Konzeption nicht von allen verinnerlicht bzw. getragen wird. Dies kann der Fall sein, wenn z. B. einzelne Mitarbeiterinnen von Entwicklungen überholt werden, beispielsweise wenn ein Team sich nahezu komplett ändert und neue Formen der pädagogischen Arbeit praktiziert werden sollen oder wenn Entwicklungen von außen vorgegeben werden.

In Kitas, die bisher keine willentliche Markenführung betreiben, ist oft eine markenkonforme Steuerung zu beobachten. Die Konzeption nimmt dabei die Funktion der Markenidentität ein. Verhalten sich die Mitarbeiter nicht gemäß der Konzeption, muss die Führungskraft mit geeigneten Maßnahmen eingreifen. Entweder ist die Konzeption zu überarbeiten, um sie so evtl. geänderten Umständen und Lebenswelten anzupassen oder die Mitarbeiterin muss ihr nicht der Konzeption gemäßes Verhalten einstellen.

4. Öffentlichkeitsarbeit konkret

Öffentlichkeitsarbeit ist für Kitas ein sehr wichtiger Bereich, denn nur wenn die vorher erarbeiteten Inhalte auch zum Kunden transportiert werden können, kann die Arbeit transparent werden und sich auch langfristig sowohl der Ruf der Einrichtung als auch das Bild über die Arbeit von Erzieherinnen selbst positiv in der Gesellschaft entwickeln.

Der freie Träger educcare beschreibt die Wichtigkeit der Öffentlichkeitsarbeit – und wie damit umgegangen wird – folgendermaßen:

Öffentlichkeitsarbeit bei educcare

educcare wurde mit der Idee gegründet, frühkindliche Bildung „neu zu denken" und ist inzwischen Träger von 19 Bildungskindertagesstätten. Dieses neue Denken berücksichtigt die heutigen Anforderungen aller Beteiligten – der Kinder und ihrer Eltern, der Gesellschaft sowie der kommunalen und betrieblichen Auftraggeber- und ist Basis des educcare Bildungskonzeptes.

Im Zentrum der Öffentlichkeitsarbeit steht das Ziel, ein möglichst aufschlussreiches und authentisches Bild über educcare zu vermitteln. Die „Zielgruppen" sind Eltern, Mitarbeiter/innen, Behörden, Auftraggeber und die interessierte Öffentlichkeit.

Die Öffentlichkeitsarbeit soll Interessierten „Lust auf mehr" machen. Durch die Öffentlichkeitsarbeit wird eine Transparenz geschaffen, die Interessierten die Möglichkeit eröffnet, sich ein eigenes Bild über educcare zu machen. Dies kann den ersten Schritt zu einer Entscheidung ermöglichen, ob educcare ein passender Partner ist. Partner auf ganz unterschiedlichen Ebenen: für Eltern bei der Wahl einer Kita oder auf Trägerebene, z. B. bei Auftraggebern für die Vergabe von Kitas.

Das breite Spektrum der Zielgruppen und deren unterschiedlichen Interessen ist eine große Herausforderung.

Ein weiteres Ziel der Öffentlichkeitsarbeit ist es, das Verständnis für die Bedeutung exzellenter früher Bildung und den breiten Zugang zu dieser Bildung (im Sinne der Inklusion) weiter zu schärfen. In den letzten Jahren gab es erfreuliche Fortschritte zu verzeichnen, dennoch spiegeln die heutigen Rahmenbedingungen (z. B. Betreuungsschlüssel oder Vergütung der Fachkräfte) in Deutschland keineswegs den gewünschten und notwendigen Stellenwert wider.

Die Maßnahmen, mit denen educcare sich in der Öffentlichkeit präsentiert, sind ebenso vielfältig wie die Zielgruppen: Eine Homepage, auf der sich Interessierte umfassend über educcare informieren können, Anschreiben für Unternehmen mit relevanten, aktuellen Informationen rund um die betrieblich unterstützte Kinderbetreuung, Präsenz auf Messen etc. Die pädagogische Kompetenz zeigt educcare unter anderem in Fachartikeln in Fachzeitungen sowie bei Fachtagen, in denen educcare das Fachwissen an Pädagogen und Interessierte weitergibt.

Die Bedeutung einer professionellen Öffentlichkeitsarbeit im Bereich der Kitas wird in Zukunft durch das anwachsende Informationsbedürfnis weiter deutlich ansteigen. Eltern erhalten durch Studien, Ratgeber und Berichte in der Presse viele – sich in Teilen widersprechende – Informationen. Diese Informationen geben oftmals nicht die gewünschten Antworten, sondern im Gegenteil – es entstehen viele Fragen und Unsicherheiten an den Träger und die Kita, denen die Eltern ihre Kinder anvertrauen wollen. educcare schafft einen Informationsfluss über die unterschiedlichsten pädagogischen Themen und begleitet die Eltern gemäß deren Wünschen.

Die notwendige weitere Professionalisierung der Öffentlichkeitsarbeit darf nicht zu Lasten der pädagogischen Arbeit oder der pädagogischen Fachkräfte gehen. educcare bindet die einzelnen Kitas frühzeitig mit ein, wenn es erforderlich ist. Die unterschiedlichen Maßnahmen werden in der Geschäftsstelle zentral geplant, koordiniert und realisiert, um diese dann mit den lokalen educcare Ansprechpartnern zu finalisieren. Dabei versteht sich die zentrale Öffentlichkeitsarbeit in einem Teil auch als Dienstleister für die Kitas.

Die zentrale Unterstützung ist vielfältig und beinhaltet nicht nur operative Themen, wie die Entwicklung und Pflege des Internetauftritts sowie die Entwicklung und Erstellung von Unterlagen zur allgemeinen Information oder der Pressearbeit. Die Beratung bei der lokalen Positionierung und Profilschärfung sowie die Entwicklung und laufende Optimierung von Prozessen für die lokale Öffentlichkeitsarbeit sind zunehmend wichtige Bestandteile.

educcare ist sich der besonderen Tragweite der hohen gesellschaftspolitischen Verantwortung in diesem Tätigkeitsfeld bewusst und misst der frühkindlichen Entwicklung und Bildung eine große Bedeutung bei.

educcare sieht sich als Teil des „Ganzen“, – Teil einer Bewegung für eine hohe Qualität in der frühkindlichen Bildung, Teil der Begleitung von Kindern in dem ersten Teil ihres Lebens, aber auch ganz konkret Teil eines Stadtteils. Teil eines Stadtteils zu sein, bedeutet Möglichkeiten für fruchtbare Kooperationen mit anderen Kitas, Schulen, Vereinen oder auch weiteren Institutionen zu initiieren und dieser Position auch Rechnung zu tragen. Es gilt gemeinsam ein Umfeld zu gestalten, das auf die lokalen Anforderungen zugeschnitten ist und durch mögliche Kooperationen neue Impulse kreiert. Hier ist die Öffentlichkeitsarbeit gefragt.

4.1 Grundgedanken zur Öffentlichkeitsarbeit

Öffentlichkeitsarbeit ist eine wesentliche Komponente des Marketings in sozialen Einrichtungen und soll daher in diesem Kapitel grundlegend und vor allem praxisorientiert betrachtet werden.

Öffentlichkeitsarbeit dient dabei verschiedenen Gruppierungen:

- der Einrichtung an sich, weil das Profil deutlicher herausgearbeitet wird, der Ruf verbessert oder gehalten werden kann;
- den Eltern, weil sie angemessen über die Arbeit in der Einrichtung informiert werden;
- den Mitarbeiterinnen, weil sich durch eine professionelle Öffentlichkeitsarbeit auch das Berufsbild der Erzieherin verbessert;
- den Mitarbeiterinnen, weil sie die Früchte ihrer Arbeit nicht nur im Kontakt mit den Kindern erleben, sondern diese auch nach außen darstellen und sichtbar machen können;
- den Kindern, weil auch ihre Bedürfnisse gesehen und dargestellt werden;
- dem Träger, der einerseits aussagekräftige Informationen über die Arbeit „seiner" Einrichtung erlangen kann und der andererseits auch selbst von dem guten Ruf der Einrichtung profitiert.

Einige Punkte sollten Sie jedoch beachten, wenn es um eine gelungene Öffentlichkeitsarbeit geht:

- Die Öffentlichkeitsarbeit muss interessant gestaltet sein. Sie sollte neugierig auf „mehr" machen und keine niedlich-kindlichen Klischees bedienen.
- Die Öffentlichkeitsarbeit muss stets aktuell sein und regelmäßig stattfinden. Am Anfang steht eine Planungsphase, in der man festlegt, was man wie und mit welchem Einsatz und welchen Verantwortlichkeiten umsetzen möchte.
- Die Form der Öffentlichkeitsarbeit richtet sich nach der anvisierten Zielgruppe: Möchte ich mit einer bestimmten Aktion oder Gestaltung Kinder oder Erwachsene ansprechen, Fachleute oder Laien?
- Die Öffentlichkeitsarbeit hat immer ein Ziel – z. B. die Auslastung zu verbessern, Verständnis durch Informationen zu erlangen, den eigenen Ruf zu stärken etc.
- Und nicht zuletzt: Öffentlichkeitsarbeit ist Werbung!

4.2 Corporate Identity

In der Welt der Unternehmen spricht man oft von Corporate Identity (oft auch CI abgekürzt). Das bedeutet so viel wie Unternehmensidentität.

Das Image der Einrichtung in der Öffentlichkeit hängt eng mit der Identität der Kita und deren Mitarbeiterinnen zusammen. Die Unternehmensidentität setzt sich aus vier Elementen zusammen, wie untenstehendes Schaubild zeigt:

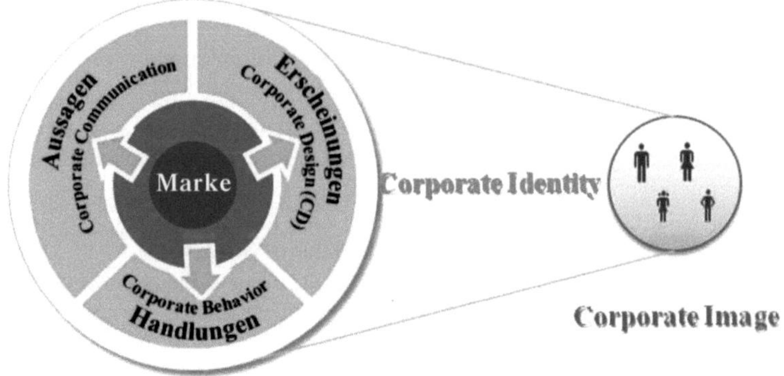

Abb. 8: Die Elemente der CI

Das **Corporate Behavior** umfasst das im Sinne der Markenidentität schlüssige und widerspruchsfreie Verhalten der Mitarbeiterinnen einer Einrichtung.

Nach außen zeigt sich dieses Verhalten durch

- den Umgang mit Kindern und Eltern,
- den Umgang mit Beschwerden und
- das Auftreten der Mitarbeiterinnen in der Öffentlichkeit.

Nach innen gerichtetes Corporate Behavior kann man erleben

- im Führungsstil der Leitung,
- im Verhalten der Kolleginnen in der Einarbeitungsphase,
- in Teambesprechungen,
- bei Konflikten,
- im Umgang mit den Kindern und
- in der Art der Kommunikation innerhalb des Teams.

Die **Corporate Communication**, also die Unternehmenskommunikation, beinhaltet zum einen die Aussagen, die zur Marke bzw. zur Einrichtung und deren Arbeit nach außen gemacht werden, zum anderen aber auch die Struktur von internen Kommunikationsprozessen wie z. B. die Art und Weise einer Teambesprechung. Die Kommunikationsmaßnahmen haben zum Ziel, das Betriebsklima und die öffentliche Meinung über die Kita positiv zu beeinflussen. Zur Corporate Communication gehören auch ganz kleine Dinge, wie z. B. das einheitliche Melden am Telefon.

Das **Corporate Design** schließlich bezieht sich auf die sichtbaren Merkmale der Einrichtung, wie z. B. der konsequente Einsatz des Logos und seiner Farben. Es soll ein einheitliches Erscheinungsbild vermittelt werden, welches zum einen einen Wiedererkennungseffekt hat und zum anderen durch die Symbolik und Farbgebung die Wesenselemente der Kita transportieren soll.

In einigen Wirtschaftsunternehmen tragen die Mitarbeiter besondere Dienstkleidung, die auf den ersten Blick erkennen lässt, dass sie zu einer bestimmten Firma gehören (Lufthansa, DB, Aldi, Kamps, McDonalds etc.). Auch in manchen Kitas ist dies üblich – hier tragen die Mitarbeiterinnen z. B. T-Shirts in verschiedenen Farben mit einem Logo des Trägers auf der Brust. In anderen Einrichtungen wird dieses besondere Kennzeichen nur bei größeren Veranstaltungen, wie z. B. einem Sommerfest oder einem Tag der offenen Tür praktiziert. Auch ein einzelnes Accessoire wie z. B. ein Schal oder auch ein Namensschild mit Logo der Einrichtung erfüllen diesen Identifikationszweck.

4.3 Erscheinungsbild der Einrichtung

Das Erscheinungsbild Ihrer Einrichtung ist die Visitenkarte Ihres Hauses – daher ist es für die Öffentlichkeitsarbeit nicht nur wichtig, ob sich die Einrichtung gut auf dem Papier präsentiert (z. B. in einem gut gestalteten Flyer), sondern auch in den Augen der Besucher ganz real einen guten Eindruck hinterlässt.

Lässt eine nachlässig behandelte, unaufgeräumte Umgebung denn einen Rückschluss auf die Pädagogik zu? Vielleicht nicht unbedingt im Einzelnen – aber in der Wahrnehmung der Besucher entsteht beim Betreten eines Hauses sekundenschnell eine erste Meinung über die Einrichtung. Diese Meinung wird sicherlich nicht beinhalten, wie sehr die Erzieherinnen mit wichtigen pädagogischen Aufgaben beschäftigt sind, so dass sie keine Zeit und keinen Blick mehr für das Chaos auf den Regalen, die zugepflasterte Pinnwand, die veralteten Aushänge und die allgemeine Unübersichtlichkeit haben. Eine geordnete und ansprechend gestaltete Umgebung hat aber nicht nur einen Einfluss auf die Wahrnehmung der Besucher: Auch die Kinder benötigen eine Umgebung, die ihnen durch Klarheit und Struktur Orientierung ermöglicht und vielfältige Anreize gibt.

Der Raum als dritter Erzieher, wie es in der Pädagogik oft heißt, – dieses Prinzip gilt nicht nur für die Gestaltung der „Kinderräume“, sondern auch für den Eingangsbereich und alle weiteren Räume der Einrichtung!

Tipp: Versuchen Sie einmal, mit Ihrem Team eine Art Phantasiereise zu machen. Gehen Sie nach draußen auf die Straße (am besten sogar eine Ecke weit von der Kita entfernt) und verteilen Sie an die Mitarbeiterinnen verschiedene „Rollenkärtchen“. Jede soll sich in eine Rolle hineinversetzen, die auf dem ihr zugeteilten Kärtchen steht.

Stellen Sie sich vor, Sie wären ...

- interessierte Eltern, die vielleicht ihr Kind anmelden möchten und sich informieren wollen;
- Eltern, die ihr Kind morgens zum Kindergarten bringen;
- ein Kind, das zum Kindergarten gebracht wird;
- eine Bewerberin für eine freie Stelle;
- die Leiterin der Konkurrenzeinrichtung;
- ein Vertreter des Trägers;
- der neue Paketbote;
- eine Fachschullehrerin, die die Praktikantin besuchen möchte;
- die Fachberatung des Landkreises oder
- ein Vertreter eines ortsansässigen Unternehmens, das um eine Spende gebeten wurde.

Jede Mitarbeiterin erhält so viel Zeit, wie sie benötigt, um sich in ihre Rolle einzudenken. Dann geht jede für sich los und schaut durch die Augen ihrer Rolle auf die Umgebung.

Folgende Fragen können den Erzieherinnen dabei als Beobachtungsleitfaden dienen und sollten vor dem Losgehen ausgehändigt werden:

- Was fällt mir auf?
- Weiß ich, wer mein Ansprechpartner ist und wo ich ihn finde? Kann ich sehen, ob mein Ansprechpartner im Haus ist?
- Finde ich gleich das, was ich suche? Wie kann ich es in dieser Einrichtung finden?
- Werde ich über für mich wichtige Dinge informiert? Was ist für mich wichtig? Sehe ich diese Informationen auch?
- Werde ich für allen Gruppen gleich (gut oder schlecht) informiert?
- Welchen Eindruck macht die Kita von außen und von innen?
- Fühle ich mich wohl oder unwohl?

- Was stört mich?
- Haben die evtl. herumstehenden Dinge einen Zweck und können von mir oder von den Kindern benutzt werden?
- ...

Während der Übung sollten die einzelnen Mitarbeiterinnen nicht miteinander sprechen, sondern sich ganz auf ihre Rolle und ihre Wahrnehmung konzentrieren. Ermuntern Sie die Mitarbeiterinnen vor dem Start der Übung dazu, auch immer wieder Pausen einzulegen, die Umgebung genau aus ihrer jeweiligen Sicht zu betrachten und vielleicht Notizen zu machen.

Anschließend berichtet jeder im Team von seinen Erfahrungen und Beobachtungen. Dies kann schon zur ersten Analyse dienen, was in der Einrichtung bereits gut gelungen ist und welche Bereiche noch einer Verbesserung bedürfen.

In den folgenden Punkten erhalten Sie Anregungen, wie einzelne Aspekte gestaltet werden können.

4.3.1 Gestaltung von Aushängen

An jeder Gruppentür und in jedem Eingangsbereich einer Kita kann man sie finden: Aushänge zu den unterschiedlichsten Themen. Es wird auf die kommende Schließzeit hingewiesen, der nächste Elternabend wird beworben, man erfährt, dass Leonie heute ihren fünften Geburtstag feiert, was es diese Woche zum Mittagessen gibt und so weiter.

Aushänge sind wichtig, denn sie informieren auf schnellem Weg die Eltern – zumindest sollten sie es.

Um die Aushänge so zu gestalten, dass sie auch gelesen werden, kann man verschiedene Gestaltungsprinzipien berücksichtigen.

- Der Text des Aushangs sollte nicht zu lang und der Inhalt verständlich sein.
- Die Schrift sollte groß genug und gut lesbar sein (am besten mit dem PC geschrieben).
- Überprüfen Sie die Rechtschreibung!
- Wenn es ein Logo mit einer bestimmten Farbgebung gibt, ist es im Sinne des Corporate Designs, wenn die Farben sich auch in den Aushängen der Einrichtung wiederfinden. Dies erreicht man z. B. mit der Verwendung der Logofarbe in der Überschrift oder mit einem farbigen Hintergrundpapier. Auch das Logo an sich kann natürlich auf dem Aushang vorhanden sein.

- Die immer gleichen Orte für den Aushang ihrer Ankündigungen erleichtern es den Eltern und Besuchern, die gewünschten Informationen zu finden.
- Bestimmte Grundsätze, z. B. die Form der Ansprache der Eltern oder die Papierauswahl, sollten nicht nur für Aushänge gelten, die die ganze Einrichtung betreffen. Sie sollten auch für die Aushänge der einzelnen Gruppen oder Bereiche gültig sein. So entsteht bei den Nutzern ihrer Einrichtung ein einheitliches Bild.
- Gelungene Bilder, Fotos oder Symbole verdeutlichen Ihre Aushänge. Achten Sie aber darauf wen Sie ansprechen wollen – ein zu viel des Guten wirkt auf Erwachsene leicht kindlich und wenig professionell. Werden Bilder und Symbole dahingegen eher sparsam eingesetzt, so verdeutlichen sie die Art oder die Wichtigkeit des Aushangs (z. B. dicke Pfeile oder Ausrufezeichen in der Logofarbe über besonders wichtigen Aushängen oder Essenssymbole über dem Speiseplan).

4.3.2 Informationen für Eltern und Besucher – vom Speiseplan bis zur pädagogischen Arbeit

Eltern und Besucher machen sich ein Bild von Ihrer Einrichtung. Hierbei ist der erste Eindruck von besonderer Bedeutung. Im Hinblick auf eine gelungene Öffentlichkeitsarbeit ist es also wichtig, dass sich Besucher gleich in der Kita zurechtfinden und Informationen erhalten können, die für sie relevant sind.

Zunächst können Sie sich im Team darüber Gedanken machen, welche Informationen die Eltern und andere Besucher suchen und wo Sie diese am Besten anbringen können. Die im Kap. 4.3 beschriebene Übung hilft Ihnen dabei.

Um Besuchern ein gewisses Maß an Orientierung zu geben, sind folgende Aushänge oder Bereiche hilfreich:

4.3.2.1 Wegweiser

Ein Wegweiser, der dem Besucher zeigt, in welcher Richtung ein bestimmter Raum (Büro, Küche, Gruppen- oder Funktionsraum etc.) zu finden ist, erleichtert besonders in großen oder verwinkelten Einrichtungen die Orientierung. Achten Sie darauf, dass ein Wegweiser so platziert ist, dass er dem Besucher gleich ins Auge fällt. Die einzelnen „Schilder“ sollten unbedingt mit PC geschrieben und gegen Abnutzung geschützt, z. B. laminiert, sein. Bestimmte Symbole können zu den einzelnen Bereichen zugeordnet werden, so dass auch „Nicht-Leser“ im Wegweiser eine Orientierungshilfe finden. Die entsprechenden Raumbezeichnungen sollten dann auch in der gleichen Form auf den jeweiligen Zimmertüren angebracht werden.

Manche Kindergartenausstatter bieten auch fertige Türschilder an, die man auch für einen Wegweiser benutzen könnte.

4.3.2.2 Ansprechpartner

Wer ist für mein Anliegen zuständig? Wo finde ich die entsprechende Person? Auch diese Fragen stellen sich Besucher, die mit einem bestimmten Anliegen die Einrichtung betreten.

Um diese Informationen gleich erhalten zu können, ist eine Personalwand ein gutes Mittel. Auf der Personalwand, die im Eingangsbereich der Kita zu finden sein sollte, können alle Mitarbeiterinnen der Einrichtung kurz mit Foto und Funktion vorgestellt werden.

Die Gestaltung einer solchen Wand kann unterschiedlich sein. Es kann eine **feste Gestaltung** gewählt werden, in der die Fotos der Mitarbeiterinnen in festen Rahmen einzeln oder als Gruppenbild zu finden sind. Ein Gruppenbild muss allerdings gewährleisten, dass jede Mitarbeiterin darauf gut (wieder)erkennbar ist und dass dem Gesicht auch ein Name und eine Funktion zugeordnet werden kann. Einzelbilder können in kleinen Wechselrahmen zur Gruppen sortiert werden oder mit Hilfe von Puzzelbilderrahmen als Ganzes wirken. Sind die Gruppen nach Farben bezeichnet, wie in vielen Einrichtungen üblich, so kann man rote Bilderrahmen für die Mitarbeiterinnen der roten Gruppe, grüne für das Personal der grünen Gruppe usw. wählen.

Auch eine Anordnung der Bilder gemäß dem Namen oder dem Logo der Einrichtung könnte eine Möglichkeit sein, die Personalwand ansprechend und auffällig zu gestalten. In der Kita „Traumzauberbaum“ könnten die Mitarbeiterfotos z. B. innerhalb eines großen Baumes präsentiert werden, in der Kita „Sonnenschein“ um eine große Sonne herum.

Auch eine **flexible Gestaltung** der Personalwand ist möglich. Besonders in offenen Einrichtungen, in denen die Zuordnung zu verschiedenen Funktionsbereichen wechseln kann, aber auch in geschlossenen Einrichtungen kann eine solch flexible Gestaltung hilfreich sein und den Besuchern auf den ersten Blick Orientierung geben. Bei der flexiblen Gestaltung der Personalwand kann man auf eine magnetische, weiße Tafel zurückgreifen. Diese kann man mit Hilfe von farbigem Klebeband in verschiedene Bereiche aufteilen, die der Anordnung der Räume im Haus entsprechen. Die Namen der Räume müssen zu erkennen sein und sollten genauso wie die Wegweiser gestaltet werden. Dann werden die (laminierten oder in anderen leichten Schutzvorrichtungen angebrachten und auf der Rückseite mit Magneten versehenen) Fotos der Mitarbeiterinnen dem jeweiligen Raum zugeordnet.

Ein Bereich der Personalwand kann auch anzeigen, welche Personen sich gerade nicht im Haus befinden. Jede Mitarbeiterin, die morgens das Haus betritt, hängt dann ihr Foto von dem Bereich „außer Haus" in die jeweilige Gruppe, in der sie eingesetzt ist (vertritt man kurz eine Kollegin für ein Elterngespräch oder einen Toilettengang etc., braucht man das Foto nicht gleich umhängen. Dieser Aufwand wäre dann doch zu groß.). Die grundsätzliche Raumeinteilung und die Zuständigkeiten sind jedoch auf den ersten Blick sichtbar.

Auch Praktikantinnen sowie das hauswirtschaftliche Personal dürfen bei der Personalwand nicht fehlen.

Ein zusätzlicher Bereich „Wer sonst noch in unserem Haus ist" kann Auskunft darüber geben, welchen Menschen man an dem heutigen Tage sonst noch in der Einrichtung begegnet, ohne dass ein Foto von ihnen aufgehängt wird. Auch der Grund der Anwesenheit (z. B. Hospitation, Reparatur etc.) oder die Funktion (Praktikantin) sollte genannt werden. Zu nennen wären hier z. B. die Handwerkerfirma, die gerade das Bad renoviert, der Name einer Bewerberin oder einer Kurzzeitpraktikantin, die Musikschullehrerin, die einmal in der Woche einen Kurs abhält etc. Welche Personen Sie für erwähnenswert halten, müssen Sie natürlich selbst festlegen. Begegnen Eltern jedoch öfters fremden Personen in der Einrichtung, ohne dass sie genau wissen, wer dies ist, kann das zu Irritationen führen.

Auch die Kinder können mit Hilfe der Personalwand (und der Hilfe ihrer Eltern) schnell einen Überblick erhalten, welche Erzieherin schon da ist oder ob sie heute den Fensterputzern begegnen werden.

Auch neues Personal sollte **umgehend** einen Platz in der Personalwand erhalten. Hat man noch kein Foto zur Hand, so kann man auch in den Bilderrahmen oder auf die Magnetwand einen Platzhalter mit dem Namen der neuen Kollegin anbringen.

Als Fotos für die Personalwand eignen sich Pass- oder Portraitfotos, auf denen die Personen meist gut zu erkennen sind. Lebendiger wirkt es, wenn Sie selbst Fotoaufnahmen der einzelnen Personen bei typischen Tätigkeiten machen (z. B. die Leiterin im Büro, evtl. mit Telefonhörer am Ohr, die Köchin vor dem großen Suppentopf, die Erzieherinnen bei der

Beschäftigung mit den Kindern etc.). Achten Sie hier jedoch darauf, dass die entsprechende Person gut zu erkennen ist!

4.3.2.3 Speiseplan

Der Speiseplan wird von vielen Eltern regelmäßig gelesen, gerade wenn die Kinder noch klein sind. Der Speiseplan sollte deshalb an einem zentralen Ort hängen und gut sichtbar sein. Damit ein ansprechender Eindruck entsteht, sollte nicht einfach ein kopierter Zettel irgendwo an die Wand gepinnt werden.

Ein farbiger Rahmen lockert den optischen Eindruck auf, bestimmte Symbole (z. B. Messer und Gabel) lassen auch fremde Besucher sogleich den Speiseplan entdecken.

Bei der Gestaltung sollte man darauf achten, dass der Speiseplan schnell und ohne großen Aufwand austauschbar ist. Dies gewährleistet z. B. eine Magnet- oder Pinntafel oder eine auf einer festen Unterlage angebrachte Prospekthülle. Ebenso ist es wichtig, dass der Speiseplan klar untergliedert und gut lesbar ist. Entweder erstellt man Vordrucke am PC, die dann (mit gut lesbarer) Handschrift ausgefüllt werden oder man füllt den Vordruck am PC aus. Die Gestaltung sollte immer gleichbleibend sein.

4.3.2.4 Schließzeiten

Besonders wichtig für die Planung der Eltern sind auch die Schießzeiten der Einrichtung. Die Jahresplanung der Schließzeiten sollte (spätestens) Ende des Jahres für das darauf folgende Jahr komplett feststehen und an die Eltern verteilt werden. Diese Jahresplanung sollte ebenfalls einen festen Platz in der Einrichtung haben, an dem sie ausgehängt ist. Auf die nächste kommende Schließung sollte dann noch einmal vorher extra hingewiesen werden. Dieser Hinweis kann von der Schrift her größer gestaltet und mit einem Symbol, wie z. B. einem dicken Pfeil oder Ausrufungszeichen (am besten in einer Farbe des Logos) besonders markiert sein, um noch einmal die Aufmerksamkeit der Eltern darauf zu lenken.

4.3.2.5 Infotafel

Um für die vielen Aushänge, die oben beschrieben sind, einen guten Platz zu finden, empfiehlt es sich, eine zentrale Infotafel aufzuhängen. Auf dieser können Informationen, die das ganze Haus betreffen, gut sichtbar und ansprechend präsentiert werden, ohne dass die Eltern jeden Morgen die ganze Kita aufmerksam „durchwandern“ müssen, um die einzelnen Informationen zu finden.

Die Infotafel (auch hier ist ein magnetisches Whiteboard empfehlenswert) kann – wie die Personalwand auch – mit Hilfe von farbigem Klebeband oder magnetischen Bändern in verschiedene Bereiche abgeteilt werden. Übersichtlicher wird es, wenn die einzelnen Bereiche Überschriften bekommen. Diese sind am PC ausgedruckt und laminiert ansprechender als mit einem Stift direkt auf die Tafel geschrieben – natürlich auch hier am besten in den Farben des Logos. Die Verwendung des Logos als Blickfang neben der Überschrift „Informationen“ oder „Infotafel“ etc. ist ebenfalls ein ansprechender Blickfang.

Aufgehängt können z. B. werden:

- der Speiseplan,
- die Schließzeiten,
- die Sprechzeiten der Leitung,
- ein Elternbrief, der aber auch schon ausgeteilt wurde,
- Informationen des Elternbeirates, z. B. eine Einladung zum nächsten Elternstammtisch oder das Protokoll der letzten Sitzung,
- eine (evtl. temporäre) Rubrik „Wir bilden uns für Sie fort“ kann zeigen, welche Fortbildung gerade aktuell von einem Teammitglied besucht wird oder was das Thema an den Konzeptionstagen ist;
- Informationen darüber, welche Besonderheiten an diesem Tag (gruppenübergreifend) stattfinden – z. B. die Musikschullehrerin kommt für eine Musikstunde, die Vorlesepatin ist da, es findet für die Vorschulkinder ein Ausflug zu der Feuerwehr statt etc.
- Arbeitet die Einrichtung offen, können ebenfalls auf der Infowand (oder auf einer Extra-Wand) verschiedene Besonderheiten stehen, die an diesem Tag stattfinden und für die sich die Kinder bei der Morgenrunde entscheiden können. Diese Kinder können dann nach der Morgenrunde unter dem Angebot namentlich eingetragen werden oder z. B. ihr Foto dorthin hängen. Zum einen erfährt so die verantwortliche Erzieherin, welche Kinder z. B. mit ihr einen Ausflug zum Bachlauf machen wollen, zum anderen wird für die Eltern transparent, was tagsüber in der Einrichtung passiert.

Beachten Sie bei der Infowand, dass sie stets aktuell sein muss. Es sollte also eine Verantwortliche (und eine Vertretung) geben, die sich täglich um die Wand kümmert!

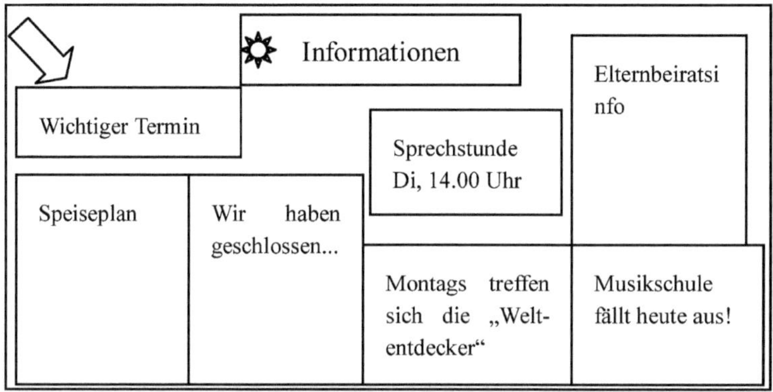

4.3.2.6 Wochenplanung, Monatsplanung, feste oder wechselnde Angebote

Je nachdem, wie Ihre Einrichtung strukturiert ist, gibt es verschiedene Möglichkeiten, den Eltern die täglichen Aktivitäten transparent zu machen. Zum einen kann dies – bei gruppenübergreifenden Angeboten – auf der Infowand stattfinden. Zum anderen ist es vielleicht notwendig, dass jede Gruppe eine eigene Planung in den Flurbereich ihrer Gruppe aushängt. Dies kann z. B. bei einer Einrichtung mit einer festen Gruppenstruktur dann nötig sein, wenn z. B. die blaue Gruppe immer montags den Turnraum benutzen kann, alle zwei Wochen mittwochs gemeinsames Frühstück hat, etc. Auch die Urlaube der Gruppenerzieherin können hier im Vorfeld schon eingetragen werden, so dass sich Kinder und Eltern darauf einstellen können.

Falls aufgrund der Struktur der Einrichtung ein solcher Plan bei jeder Gruppe sinnvoll erscheint, sollte dieser auch in jeder Gruppe vorhanden sein und gepflegt werden. Im Sinne einer professionellen Öffentlichkeitsarbeit und einem einheitlichen Eindruck, ist es nicht sinnvoll, wenn sich einzelne Gruppen entweder besonders hervortun, indem sie als einzige Gruppe einen solchen Plan aufhängen oder indem sie sich als einzige Gruppe von einem solchen Kalender distanzieren. Hier muss also eine Teamentscheidung getroffen werden, an die sich dann auch alle halten müssen.

Als Form bietet sich entweder ein Monatskalenderblatt an, auf dem die einzelnen (festen) Termine eingetragen werden, oder man erstellt einen Wochenplan, auf dem die festen Strukturen sichtbar sind. Ist der (Wochen)Kalender magnetisch, so kann man ihn stets aktuell halten.

Auch pädagogische Planungen kann man für Eltern und Besucher sichtbar machen. Was tut die Erzieherin den ganzen Tag außer spielen? Warum werden bestimmte Materialien angeboten und bestimmte Lieder gesungen? Welche Überlegungen stehen dahinter? Ein wirkungsvolles Instrument, um den Eltern zu verdeutlichen, welche Überlegungen, Interessen und Bedürfnisse der Kinder hinter bestimmten (Material)Angeboten oder einer Liedauswahl stehen, eignet sich der von der KLAX-Gruppe entwickelte „Lotusplan" (nähere Informationen zum Lotusplan und eine Kopiervorlage finden Sie in Büchern von *Bostelmann,* s. Literaturverzeichnis).

Dieses Instrument dient der Planung der Erzieherin und soll ihr dabei helfen, aus ihren Beobachtungen des Spielverhaltens der Kinder weitere pädagogische Planungen abzuleiten. So kann z. B. das beobachtete Verhalten der Krippenkinder, immer wieder alles mögliche in die Taschen der Verkleidungskiste zu stecken und zu transportieren, zu der Planung führen, mehr Taschen und Beutel bereitzustellen, ziehbare Transportboxen aus beklebten Schuhkartons herzustellen, ein Puppentragetuch zu knoten und im Morgenkreis das Lied vom Bi-Ba-Butzemann (der sein Säckchen über die Schulter wirft) zu singen. Diese Art der Planung stellt zum einen sicher, dass das pädagogische Angebot auf den Bedürfnissen der Kinder aufgebaut ist und dieses die Interessen erweitern, vertiefen und befriedigen kann. Es kann aber ebenso nicht nur für die Planung verwendet werden, sondern kann auch – in der Gruppe an einem festen Platz ausgehängt – Eltern und Besuchern einen Einblick geben, mit was sich die Kinder beschäftigen. Dies zeigt auch, dass die Kinder mit ihren Bedürfnissen wahrgenommen werden und von der Erzieherin durch bestimmte Angebote in ihren Interessen bestärkt und gefördert werden. So kann professionelle Arbeit für jeden transparent und sichtbar gemacht werden.

4.3.2.7 Projektdokumentationen

Auch ein Projektthema, mit dem sich die Kinder über einen längeren Zeitraum beschäftigt haben, verdient natürlich eine entsprechende Würdigung.

Das Thema des Projekts, die Fragen und „Forschungsergebnisse" der Kinder, die Hintergründe und Lernschritte und natürlich der Abschluss des Projektes sollten ebenfalls einen gut sichtbaren Ausstellungsplatz in der Kita finden. Hat man für die Portfolioordner der Kinder (falls vorhanden) eine Lerngeschichte geschrieben, so kann diese als Veranschaulichung für die Besucher ebenfalls ausgestellt werden – vorausgesetzt die Kinder sind damit einverstanden.

Anschauliche Fotos, getippte Texte und evtl. „Produkte" der Kinder können zu einer lebendigen Gestaltung beitragen. Für die Präsentation ist zu beachten, dass z. B. eine Anordnung von Texten und Bildern auf großen Bögen aus Tonkarton (in Logofarbe?) den Blick auf sich ziehen. Die getippten Texte kann man entsprechend zuschneiden und zu den Fotos kleben.

Tipp: Fotos wirken besonders gut, wenn man sie großformatig ausdruckt und mit einem weißen Rand versieht. Im Drogeriemarkt gibt es Sofortdrucker, die große Formate (z. B. 13 × 18) produzieren und dabei den Rand weiß lassen. Probieren Sie die Wirkung dieser Bilder auf einem Hintergrund aus farbigem Karton einmal aus!

Auch die „Produkte" der Kinder sollen in der Projektdokumentation einen Platz finden können. Sammeln und/oder fotografieren Sie Dinge, die den Kindern während des Projektes besonders am Herzen lagen und die sie intensiv beschäftigt haben. Handelt es sich um dreidimensionale Gegenstände oder Bauwerke (z. B. Fundstücke, mit Ton hergestellte Skulpturen etc.) sind diese gut in einer Vitrine aufgehoben. Es gibt auch kleinere, an die Wand zu hängende, Objektbilderrahmen. Diese Rahmen kann man in einem großen schwedischen Möbelhaus kaufen oder auch selbst herstellen, wenn man geschickt genug ist. Ein Objektbilderrahmen sieht in etwa aus wie ein Schuhkarton aus Holz mit einem hin- und herschiebbaren Deckel aus Glas oder Plexiglas. Auch hier sind die Gegenstände gut aufgehoben und können schön präsentiert werden.

4.3.2.8 Aussagen über die pädagogische Grundhaltung

Neben den Informationen, was täglich in der Einrichtung stattfindet, sind auch Aushänge möglich, die etwas über die pädagogische Haltung der Einrichtung verraten.

Es bietet sich an, Aussagen zu den wichtigsten Grundlagen der Arbeit zu formulieren und diese mit Fotos zu verdeutlichen. Es gelten die gleichen Gestaltungsgrundsätze wie bei der Präsentation von Projekten.

Ebenso ist es vorstellbar, dass verschiedene Spiele oder Spielbereiche einmal herausgegriffen und näher betrachtet bzw. erläutert werden.

Hier einige Themenvorschläge:

- Vorstellung der wichtigsten und charakteristischen Schwerpunkte der Arbeit (also das, was die Marke ausmacht);
- der Bauraum, das Atelier, die Schreibwerkstatt – was machen die Kinder in den einzelnen Bereichen und was können sie dabei lernen?
- Charakteristische Spielvorlieben (z. B. im Kleinkindalter) und deren Bedeutung – wie unterstützen wir die Kinder dabei, ihren Bedürfnissen nachzukommen?

- Dokumentationen über die Ergebnisse von Konzeptionstagen und hausinterner Fortbildung

4.3.2.9 Ausstellungen und Exponate der Kinder

Auch die Art und Weise, wie mit den Werken der Kinder in einer Einrichtung umgegangen wird, ruft einen bestimmten Eindruck beim Betrachter hervor. Wie bereits oben erwähnt, eignen sich Vitrinen oder Objektbilderrahmen gut für dreidimensionale Gegenstände. Kleine Schilder können zur Erläuterung neben das Ausstellungsstück gelegt werden. Kunstwerke auf Papier wirken besser, wenn sie auf einen farbigen Tonkarton geklebt werden oder einen farbigen Wechselbilderrahmen erhalten.

Schön ist es, wenn wechselnde Ausstellungsstücke immer wieder die Aufmerksamkeit der Besucher wecken und so auch jedes Kind einmal zu Ehren kommt.

> **Tipp:** Beschäftigt sich eine ganze Gruppe von Kindern mit einem bestimmten Thema über einen längeren Zeitraum, so kann es – je nach Art des Themas – neben der Projektdokumentation an der Wand auch eine Vernissage von den Kindern für Eltern und interessierte Besucher geben. Zu der Vernissage können Gäste geladen werden und es kann eine feierliche Eröffnung der Ausstellung stattfinden, bei der die Kinder die Besucher auch bewirten können – ganz wie in einer richtigen Galerie oder einem Museum . . .

4.3.3 Informationen für Kinder – was gibt es heute und wo finde ich was?

Nachdem nun die Erwachsenenperspektive in einer Kita ausführlich behandelt wurde, scheint es angebracht, auch die Perspektive der Kinder zu betrachten. Nicht nur die erwachsenen Besucher möchten informiert werden, auch die Kinder als ganz wesentliche Anspruchsgruppe hat ein Anrecht auf Informationen – und dies in ihrem Sichtfeld!

Eine erste Information können die Kinder erhalten, wenn sie die Personalwand betrachten. Diese sollte also so angebracht sein, dass die Kinder wie auch die Erwachsenen die Bilder betrachten können. Raumsymbole oder Gruppensymbole erleichtern den Kindern die Zuordnung.

Auch der Speiseplan ist für die Kinder wichtig – deshalb kann man (mit etwas Aufwand) einen für die Kinder gut erkennbaren Tagesspeiseplan erstellen und ihn in Augenhöhe der Kinder unter dem Speiseplan für die Erwachsenen aufhängen.

Tipp: Einen Speiseplan für die Nichtleser erstellen. Fotografieren Sie die einzelnen Komponenten des Essens gut sichtbar auf einem neutralen Untergrund, z. B. in kleinen weißen Schalen oder auf Tellern. Jedes Lebensmittel sollte in einer zubereiteten Form einzeln fotografiert werden, z. B. Karottengemüse, Buttererbsen, Bratwürstchen, Fischfilet, Tomatensalat, Vanillepudding, einzelnes Obst etc. Dies kann natürlich einige Wochen in Anspruch nehmen. Die Fotos können Sie laminieren und auf der Rückseite mit einem kleinen selbstklebenden Magneten versehen. So kann auf (magnetischen) dem Kinderspeiseplan jeden Tag aus den unterschiedlichsten Komponenten das „Menü des Tages“ zusammengestellt werden. Diese Aufgabe (sowohl das Fotografieren als auch die tägliche Aktualisierung) übernimmt bestimmt gerne die Köchin.

Aber nicht nur über das Essen möchten die Kinder Bescheid wissen – es ist auch für sie wichtig, welches Angebot am heutigen Tage stattfindet. Je nach Struktur der Einrichtung kann es einen Wochen- oder Monatsplan – wie für die Erwachsenen – geben. Wählt man einen Wochenplan, so kann man diesen auch auf halber Höhe aufhängen und mit Symbolen oder Fotos versehen, die den Kindern verdeutlichen, was an welchem Tag passiert.

Gibt es in der Einrichtung verschiedene Bereiche, die die Kinder alleine aufsuchen können, so können sie auf einem Plan ihr Foto zu dem besuchten Bereich stecken. Das gleiche Prinzip kann in einer offenen Einrichtung greifen, wenn sich z. B. Kinder für bestimmte Sonderaktionen in der Morgenrunde „anmelden“.

Ebenso wichtig ist die Frage, welches „Ding“ wohin oder zu wem gehört – auch hier kann man mit Hilfe von Fotos für die Kinder gut verwertbare Informationen schaffen. Dies kann über die Fotografie der Gegenstände in den Spielzeugkisten bis zum Foto des Kindes selbst zur Kennzeichnung am Kleiderhaken. Dies kann über die Fotografie der Gegenstände in den Spielzeugkisten bis zu Fotografien der einzelnen Kinder, z. B. zur Kennzeichnung am Kleiderhaken, am Taschenstellplatz oder auf dem Portfolioordner, reichen.

Tipp: Wer ist wie alt? Auch das Alter ist für die Kinder oft bedeutsam. Zum Vergleichen, Zählen, Messen lädt ein besonderer Geburtstagskalender ein. Bringen Sie auf einer Holzleiste für jedes Kind ein kleines Häkchen an. Über das Häkchen kann der Name, ein Foto und das Geburtsdatum des jeweiligen Kindes platziert werden. An dem Haken befestigen Sie für jedes Kind eine Schnur (z. B. eine Fädelschnur oder ein Lederband). Diese können direkt an den Haken geknotet oder mit Hilfe eines Schlüsselrings o. Ä. befestigt werden. Auf die Schnur werden nun Perlen gezogen – eine für jedes Jahr (z. B. alle in weiß) und dann eine für jeden Monat des angebrochenen Jahres in einer anderen Farbe (z. B. alle in grün). An jedem Monatsanfang bekommt jedes Kind, z. B. im Morgenkreis, eine neue Monatsperle. Am Geburtstag des Kindes werden die zwölf Monatsperlen gegen eine neue Jahresperle ausgetauscht.

Die Art, in der Kinder in Ihrer Einrichtung zu Informationen kommen und in diesem Wunsch nach Informationen auch beachtet werden, wirkt ebenso auf den Eindruck der Besucher wie Informationen, die auf der Erwachsenenebene gegeben werden. Aus diesem Grunde ist die Perspektive der Kinder auch bei der Öffentlichkeitsarbeit im Haus nicht zu vernachlässigen – spiegelt sie doch wesentlich Ihre Einstellung zu der wichtigsten Gruppe im Haus wider!

4.3.4 Schwarzes Brett

Neben den Informationswänden, die vorstehend schon beschrieben sind, kann es auch sinnvoll sein, ein schwarzes Brett (das nicht unbedingt schwarz sein muss) oder einen anderen festgelegten Bereich zu schaffen, in dem Informationen von Eltern für Eltern oder andere Aushänge externer Anbieter einen Platz finden. So hängen diese nicht unstrukturiert an den Einganstüren und Eltern wissen auch genau, wo sie Aushänge über Feste, Kurse, einen Babysitter oder über den Verkauf von gebrauchten Spielzeugen finden. Die sichtbare Unterteilung in verschiedene Rubriken („Von Eltern für Eltern“, „Kurse und andere Angebote“, „Feste und Feiern“, „Informationen“) erleichtern die Übersicht.

Ein neben dem schwarzen Brett an der Wand angebrachtes Mini-Regal für verschiedene Infoflyer und -broschüren (aus dem Bürobedarfshandel) sortiert die unterschiedlichen Informationsmaterialien, die in vielen Einrichtungen zum Mitnehmen ausliegen.

Wichtig ist bei dem schwarzen Brett, dass es aktuell ist – nicht mehr aktuelle Aushänge über vergangene Veranstaltungen oder Kurse müssen regelmäßig entfernt werden. Auch hier sollte eine feste Mitarbeiterin der Kita verantwortlich sein.

4.3.5 Schaukasten

Verfügt Ihre Einrichtung über einen Schaukasten vor der Kita oder an einem anderen Ort, wie z. B. vor dem Pfarrbüro? Dann können Sie diesen gut für die Öffentlichkeitsarbeit nutzen.

Im Schaukasten können sowohl langfristig aktuelle Basisinformationen als auch wechselnde Präsentationen der Arbeit einem breiteren Publikum dargestellt werden.

Zu den Basisinformationen zählen z. B.:

- ein Foto des Hauses und/oder einzelner Bereiche,
- Öffnungszeiten, Sprechzeiten, Infomittage,
- ganz kurze Informationen über das Konzept (den Kern Ihrer Marke).

Wechselnde Präsentationen regen zum wiederholten Hinschauen an und sollten ebenfalls nicht fehlen. Solche Präsentationen können beinhalten:

- Exponate der Kinder zu einem bestimmten Thema,
- kleine Projektdokumentationen,
- Fotos aus dem Alltag der Kinder mit Erklärung,
- aktuelle Informationen oder Einladungen (z. B. Einladung zum Sommerfest, Hinweis auf den Kuchenverkaufsstand bei einer Veranstaltung),
- ...

Sie sollten jedoch darauf achten, dass der Schaukasten nicht zu voll wird. Entsteht ein chaotischer, überfrachteter Eindruck (oder noch schlimmer ein ungepflegter, vernachlässigter Eindruck) ist das keine gute Werbung für Ihr Haus!

4.4 Die Einrichtung in der Öffentlichkeit

Die Kita ist ein öffentlicher Ort – viele Besucher, Eltern und Kinder gehen hier ein und aus. Aber zu welchen Zeiten ist die Einrichtung und damit auch Ihre Arbeit nicht nur für Besucher, die in das Haus kommen, erlebbar?

Durch öffentliche Veranstaltungen und öffentliches Auftreten können sich Meinungen bilden, revidieren und verfestigen. Die Kita ist keine Insel, sondern eingebettet in ein vielschichtiges Netzwerk von Beziehungen. Nutzen Sie daher gezielt Gelegenheiten, die dazu dienen, sich in das Bewusstsein einer breiteren Masse zu bringen.

4.4.1 Öffentlichkeitswirksame Veranstaltungen und Infostände

In jeder Stadt oder Gemeinde bieten sich Möglichkeiten, die Einrichtung öffentlich zu präsentieren.

Möglichkeiten für eine solche Aktion sind z. B.

- Tag der offenen Tür,
- öffentliche Festveranstaltungen der Kita, z. B. Jubiläumsfeier,

- Organisation von öffentlichen Festen, wie z. B. ein Laternenfest, das nicht nur für die Kinder der Einrichtung, sondern für alle zugänglich ist mit anschließender Bewirtung auf dem Festplatz der Gemeinde, Stadtteil- oder Kinderfeste etc.),
- Beteiligung mit einem Spiel- oder Bewirtungsstand bei öffentlichen Festen (z. B. Dekanatsfest, Stadtteilfest, Schwimmbadfest etc.),
- Bewirtung oder Spielstand bei öffentlichen Veranstaltungen wie z. B. bei einem von der Stadt veranstalteten Kreativmarkt,
- gemeinsame Infoveranstaltungen der verschiedenen Einrichtungen zur Kinderbetreuung in Ihrem Stadtteil,
- Infostände zu berufs- oder bildungspolitischen Anliegen in Fußgängerzonen, Einkaufszentren (z. B. über den notwendigen Ausbau von Betreuungsplätzen, zur Bildungsqualität, zum Fachkräftemangel etc.),
- Projektpräsentationen und Ausstellungen von Arbeitsergebnissen in öffentlichen Gebäuden oder Firmen (z. B. im Rathaus, in der Sparkasse etc.).

4.4.1.1 Feste und Feiern

Beteiligt sich die Kita mit einem Spiel- oder Bewirtungsangebot bei öffentlichen Festen und Feiern, wird sie sicherlich wohlwollend wahrgenommen. Es gilt daher, diese Gelegenheiten zu nutzen, um in der Öffentlichkeit positive Empfindungen hervorzurufen. Gleichzeitig sollte dieser Anlass auch genutzt werden, um die Aufmerksamkeit der Besucher auch auf die eigentlichen Inhalte Ihrer Arbeit zu lenken. Eine gut gemachte Präsentation der pädagogischen Arbeit eröffnet einen neuen Blick auf die Kita – Sie werden nicht mehr nur als „die, die immer so nett mit den Kindern spielt“ oder „der Stand, der immer so leckere Häppchen und selbstgemachte Kuchen hat“ wahrgenommen. Während die Großeltern auf ihr Enkelkind warten, das gerade hingebungsvoll Tennisbälle die Rohr-Kugelbahn herunterrollen lässt, studieren sie vielleicht die Infowand über Ihre Einrichtung und kommen darüber wiederum mit anderen ins Gespräch. So formt sich – wie in vorstehenden Kapiteln schon erwähnt – der Ruf einer Kita.

Die Präsentationen müssen – wie auch die Präsentationen in der Einrichtung selbst – ansprechend gestaltet, fehlerfrei geschrieben und mit Bildern veranschaulicht sein, um zum Lesen anzuregen. Es gelten die gleichen Gestaltungsgrundsätze wie in Kap. 4.3 beschrieben.

Tipp: Sollten Sie eine Spielmöglichkeit für die Kinder bei einer bestimmten Veranstaltung anbieten, seinen Sie kreativ! Welche Möglichkeiten gibt es, unerwartete und wenig bekannte Spielideen anzubieten? Wie wäre es mal mit einer großen Kugelbahnbaustelle aus großen Plastik-Regenrohren und Tennisbällen statt mit einem Mal- und Basteltisch? Oder mit einer Experimentierstation?

Auch so können Sie einen nachhaltigen Eindruck in der Öffentlichkeit hinterlassen.

Bei Feiern und Festen, die in Ihrer Einrichtung stattfinden, können Sie die Präsentationen und Informationen nutzen, die ohnehin schon in der Kita vorhanden und natürlich auch gut gepflegt sind.

Je nach Art der Feier (z. B. zu einem Jubiläum oder einem Tag der offenen Tür) können Sie auch Menschen einladen, die normalerweise nur selten oder nie den Weg in Ihre Einrichtung finden, z. B.

- die Nachbarschaft bzw. die Einwohner im Stadtteil oder der Gemeinde,
- Trägervertreter,
- Bürgermeister und Stadträte/Gemeindevertreter,
- Pfarrer und Gemeinderäte,
- Geschäftsleute aus der Umgebung,
- Vertreter des Jugendamtes,
- Vertreter von Beratungsstellen,
- die Fachberatung,
- Mitarbeiterinnen von benachbarten Kitas und Schulen,
- ortsansässige Tagesmütter,
- Gemeindearbeiter, Handwerker und Hausmeister, die für die Einrichtung tätig sind,
- und nicht zuletzt Vertreter der Presse.

4.4.1.2 Gemeinsame Infoveranstaltung

Liegt Ihre Einrichtung in einer kleineren Gemeinde oder in einem überschaubaren Stadtteil, so kann es sich evtl. anbieten, gemeinsam mit den anderen Einrichtungen des Ortes eine Infoveranstaltung zur Kinderbetreuung in Ihrer Gemeinde zu organisieren. Auch in größeren Städten z. B. in Darmstadt (Hessen), eine Stadt mit ca. 143 000 Einwohnern) haben schon solche „Markt der Möglichkeiten“ genannte Veranstaltungen stattgefunden, bei der sich die Kitas in freier Trägerschaft den interessierten Eltern vorgestellt haben. Für die Eltern haben solche Veranstaltungen den Vorteil, dass sie sich in kurzer Zeit und ohne jede Einrichtung im Einzelnen besuchen zu müssen, einen Überblick verschaffen und eine Vorauswahl treffen können.

Da auf einer solchen Veranstaltung der erste Eindruck zählt, ist die ansprechende Präsentation der Einrichtung von enormer Wichtigkeit. Es gilt aber auch, nicht nur optisch einen positiven Eindruck hervorzurufen, sondern auch in prägnanter Art und Weise die wesentlichen Bestandteile Ihrer Arbeit und Ihrer Pädagogik (Ihrer Marke) zum Ausdruck zu bringen. Ziel ist es, die Aufmerksamkeit der Eltern zu wecken und sie neugierig auf „mehr" zu machen. Nicht nur die Präsentation auf den Ausstellungswänden, sondern auch die Mitarbeiterinnen müssen zum angestrebten Eindruck passen. Achten Sie zusammen mit Ihren Kolleginnen auf ein gepflegtes Äußeres – Sie müssen allerdings nicht gleich wie Chefsekretärinnen aussehen. Ein Namensschild mit Logo oder ein besonderes Erkennungszeichen (z. B. alle ein weißes T-Shirt und ein Tuch in Logofarbe) macht es für die Eltern leichter, Sie einer bestimmten Einrichtung zuzuordnen.

Infostände

Ein Infostand, z. B. in einer Fußgängerzone oder einem Einkaufszentrum, kann genutzt werden, um auf berufs- oder bildungspolitische Themen aufmerksam zu machen. Der Infostand hat das Ziel, eine breite Öffentlichkeit für ein Thema zu interessieren und Fürsprecher zu gewinnen. Handelt es sich um ein Thema, das mehrere Einrichtungen betrifft, wie z. B. die Verbesserung der Rahmenbedingungen, lohnt es sich, sich mit anderen Kitas zusammenzuschließen und gemeinsam für diese Sache einzutreten. Infostände zeigen ein gesellschaftspolitisches Engagement der Erzieherinnen und der Einrichtungen, in denen sie tätig sind.

Einige Aspekte sollten Sie beachten, wenn Sie einen Infostand zu einem bestimmten Thema betreiben wollen:

- Das Thema des Infostandes sollte schon von weitem für die Passanten erkennbar sein.
- Das Thema sollte in einen prägnanten Titel verpackt werden, der neugierig macht.
- Ausstellungen auf Stellwänden vertiefen die Thematik in kurzen und anschaulichen Texten, Bildern und Grafiken.
- Die Mitarbeiterinnen stehen bei dem Stand und signalisieren Kommunikationsbereitschaft, weisen in einer freundlichen Form auf das Anliegen hin oder verteilen Flugblätter etc.
- Jede Mitarbeiterin trägt ein Namensschild, auf dem auch zu erkennen ist, welcher Einrichtung sie angehört.
- Es ist eine kleine Kinderspielecke eingerichtet.

Ein solcher Infostand wird sicherlich eher beachtet werden als einer, an dem die Erzieherinnen gelangweilt hinter einem Tisch stehen und nicht zu erkennen ist, was der Sinn und Zweck eines solchen Standes ist.

4.4.1.4 Ausstellungen

In vielen Einrichtungen erarbeiten Kinder und Erzieherinnen gemeinsam spannende und bewegende Themen in Projekten. Je nach Art und Umfang des Projekts finden nach Abschluss innerhalb der Kita Projektpräsentationen statt: Es werden Dokumentationen erstellt, die einen Einblick in das Lernen der Kinder und in das Projektthema geben, und die den Besuchern der Einrichtung auf diese Art und Weise sichtbar gemacht werden (s. Kap. 4.3.2).

Solche Präsentationen können auch in öffentlich zugänglichen Einrichtungen oder Unternehmen als Ausstellung realisiert werden. Es eignen sich z. B.

- das Rathaus oder das Gemeindehaus,
- Banken und Sparkassen,
- ein Einkaufszentrum,
- Arztpraxen oder das Foyer eines Krankenhauses.

Die Ausstellung sollte – wie in der Einrichtung auch – eine Mischung aus prägnanten Texten über Hintergründe und Erfahrungen, Fotodokumentationen sowie Texten und Werken der Kinder enthalten.

Bei der feierlichen Eröffnung der Ausstellung sollten auf jeden Fall die Kinder, die an dem Projekt mitgearbeitet haben, dabei sein. Auch während der Dauer der Ausstellung sind die Kinder und Erzieherinnen, die mit den Betrachtern ins Gespräch kommen können, bestimmt gern gesehene Gäste.

4.4.2 Elternabende

In den meisten Einrichtungen gehören Elternabende zum „Standard-Programm“. Die Durchführung der Elternabende ist unterschiedlich – entweder im Rahmen eines Gruppenelternabends, bei dem es eher um den Informationsaustausch und um gegenseitiges Kennenlernen geht, oder als große Veranstaltung, bei der meist themenspezifisch gearbeitet wird und die den Eltern der ganzen Einrichtung oder sogar einem erweiterten Besucherkreis aus Interessierten offensteht.

Handelt es sich um einen themenspezifischen Elternabend den Sie selbst halten, so können Sie die Hinweise aus dem Kap. 4.5.2 nutzen.

Einige Punkte können Sie zusätzlich beachten:

- Ist das Thema des Elternabends von Interesse oder gerade aktuell?
- Ist das Thema ansprechend formuliert oder wirkt es schon auf den ersten Blick trocken?
- Welcher Tag und welche Uhrzeit eignen sich?
- Gibt es bei Themen von besonderem Interesse die Möglichkeit zur Zusammenarbeit mit anderen Einrichtungen und/oder Referenten?

- Strukturieren und planen Sie den Abend – von der Sitzordnung über die Notwendigkeit einer Anwesenheitsliste bis hin zur Pausengestaltung.
- Klären Sie – besonders wenn Sie mit anderen zusammenarbeiten – wer welche Aufgaben übernimmt.
- Praktische Übungen können einen Elternabend auflockern – z. B. wenn die Eltern der Vorschulkinder bei einem entsprechenden Themenelternabend Rechenaufgaben der ersten Klasse lösen sollen. Sie sollten aber keineswegs zu lange dauern, sondern nur als Beispiele oder kleine Auflockerungen eingesetzt werden.

Die Eltern sind eine wichtige Bezugsgruppe ihrer Marke, daher ist es wichtig, Aktionen zur Elternarbeit so durchzuführen, dass diese Meinungsmacher ein positives Bild Ihrer Kita im Kopf behalten.

4.4.3 Beteiligung an Arbeitskreisen und Gremien

Kitas sind eingebunden in ein Netzwerk von Kontakten und Kooperationspartnern. Je nach der Infrastruktur der Umgebung, Art des Trägers und Art der Einrichtung ergeben sich verschiedene Möglichkeiten, an Arbeitskreisen teilzunehmen oder sich in Gremien zu beteiligen.

Arbeitskreise gibt es zu unterschiedlichen Themen – von den eher praxisorientierten Arbeitskreisen wie z. B. zum Thema Integration bis hin zu den auch sehr übergreifenden Themen wie z. B. Kinder- und Jugendhilfe.

Auch die Ebenen, auf denen die Arbeitskreise organisiert werden, können ganz unterschiedlich sein:

- Bei einem großen Träger, der viele Einrichtungen in einem Gebiet hat (z. B. größere Stadt) kann es trägerorganisierte Arbeitskreise geben, an denen sich die Erzieherinnen oder Leiterinnen der verschiedenen Einrichtungen beteiligen können.
- Ist die Einrichtung in freier oder kirchlicher Trägerschaft, organisieren mitunter die Spitzenverbände Arbeitskreise zu bestimmten Themen.
- Auch auf der Kreisebene gibt es vielleicht Arbeitskreise, die für Ihre Arbeit interessant sein könnten, z. B. zum Thema Integration oder Frühe Hilfen.

Es kann sich auch lohnen, sich in politischen Gremien oder Ämtern zu engagieren. Diese Möglichkeit wird von den wenigsten Erzieherinnen genutzt – hier bietet sich jedoch eine gute Chance zur Einflussnahme auf öffentliche Entscheidungen und auf die öffentliche Meinungsbildung.

In verschiedenen Bereichen können sich Erzieherinnen gesellschaftspolitisch engagieren, z. B.

- als Mitglied des Jugendhilfeausschusses oder ähnlichen Ausschüssen;
- mit der Übernahme eines politischen Amtes, z. B. im Stadtrat oder in der Gemeindevertretung;
- als Mitglied einer Gewerkschaft oder einer Berufsorganisation;
- als Mitglied im Kirchenvorstand.

Auch die Mitarbeit in Arbeitskreisen oder in Gremien ist letztendlich Öffentlichkeitsarbeit – wenn auch auf einer anderen Ebene: So wird Ihre Institution bei Kolleginnen und Fachleuten, die ebenfalls an den Arbeitskreisen mitwirken, bekannter. Mit dem Namen einer Einrichtung werden Gesichter verbunden und pädagogische Einstellungen und Überlegungen können transportiert werden. Ziel dabei ist es, als kompetente Person zu erscheinen, die zum einen Ihre Einrichtung im Blick hat, die zum anderen aber auch über den Tellerrand hinausschaut und den größeren Zusammenhang überblicken kann.

Auch die Mitarbeiter, die an solchen Arbeitskreisen teilnehmen, können sich durch den fachlichen Austausch mit Kolleginnen weiterentwickeln und bestimmte Sachverhalte aus verschiedenen Blickwinkeln näher beleuchten. Findet eine Rückkopplung ins Team statt, kann auch die Einrichtung von diesen Erkenntnissen profitieren.

Tipp: Prüfen Sie, welche Arbeitskreise und Gremien es in Ihrer Nähe und zu Ihrem Bereich passend gibt. An welchen könnte sich eine Beteiligung lohnen? Wer könnte sich beteiligen – eher eine Erzieherin aus dem Gruppendienst oder die Leitung der Einrichtung?

4.4.4 Hospitationen, Ausbildung, kollegiale Beratung

Eine weitere Form der Öffentlichkeitsarbeit ist es, wenn Besucher für kürzere oder längere Zeit in Ihre Einrichtung kommen und so ganz direkt Einblick in die Praxis der pädagogischen Arbeit erhalten. Hier liegt die Tücke im Detail! Ansprechende Aushänge gestalten und Leitsätze formulieren können viele, aber werden die propagierten Wesensmerkmale der Pädagogik auch in die Tat umgesetzt? Dies können aufmerksame Beobachter, die zu Besuch in Ihrer Kita sind, schnell feststellen.

4.4.4.1 Hospitationen von Eltern

Je nach Art der Einrichtung (Krippe, Kindergarten, Hort) verbringen die Eltern während der Eingewöhnung einige Zeit in der Kita und beobachten dabei nicht nur das eigene Kind, sondern auch das Verhalten der Kinder in der Gruppe und das Agieren der Erzieherin.

Um Eltern, unabhängig davon, wie intensiv sie die Eingewöhnung ihres Kindes begleitet haben, eine Möglichkeit zu bieten, einen vertieften Einblick in die pädagogische Arbeit zu bekommen, kann man die Möglichkeit zur Hospitation in der Kita anbieten. Die Eltern sind so weniger auf Fotos und Berichte, auf Ausstellungen und Dokumentationen angewiesen, sondern sie erhalten praxisnahe Einblicke.

Einige Dinge sollten Sie vorher beachten und mit den Eltern (evtl. schriftlich) vereinbaren:

- Die Eltern sind zum Hospitieren eingeladen, um das Verhalten und Erleben ihres Kindes zu beobachten sowie um die pädagogische Arbeit in der Kita noch besser kennenzulernen.
- Während der Hospitation sollten sich die Eltern als zurückhaltende Zuschauer verhalten. Wie in der Eingewöhnungsphase auch, ist es nötig, dass sie sich zurücknehmen und von sich aus keine Spielangebote an das eigene oder an fremde Kinder machen.
- Auf Spielangebote der Kinder sollten die Eltern ebenfalls nicht eingehen. Sie können stattdessen deutlich machen, dass sie lieber nur zuschauen möchten.
- Die Eltern sollten auch alle pädagogischen Handlungen den Erzieherinnen überlassen und nicht in das Gruppengeschehen eingreifen.
- Auch wenn die Eltern anwesend sind, ist die Aufgabe der Erzieherin die Arbeit mit den Kindern. Lassen Sie sich also nicht in ein (längeres) Gespräch verwickeln, sondern vereinbaren Sie am besten im Vorfeld einen Gesprächstermin, um die Beobachtungen der Eltern während der Hospitation auszuwerten und zu reflektieren.
- Es muss klar sein, dass die Beobachtungen während der Hospitation, insbesondere das Verhalten anderer Kinder, vertraulich zu behandeln sind.
- Schriftliche Notizen sind erlaubt, jedoch ist davon abzuraten, dass Eltern Fotos, Filme oder Tonaufnahmen machen.

4.4.4.2 Hospitation von Fachleuten und kollegiale Beratung

Auch Fachleute hospitieren von Zeit zu Zeit in Kindertagesstätten, etwa wenn es darum geht, Kinder mit besonderen Bedürfnissen zu unterstützen oder den Erzieherinnen Hilfestellung im Umgang mit problematischen Situationen zu geben. Dies ist in der Praxis relativ gebräuchlich und soll daher an dieser Stelle nicht näher ausgeführt werden.

Eine Möglichkeit, Öffentlichkeitsarbeit zu betreiben ist es, Kolleginnen aus anderen Einrichtungen zur Hospitation in die eigene Kita einzuladen. Dies kann z. B. im Rahmen eines Konsultationskita-Programms geschehen, wie es in einigen Bundesländern oder innerhalb bestimmter Projekte (z. B. Programm für Konsultationseinrichtungen in Bayern, Niedersachsen etc. oder innerhalb des DJI-Projektes zur Einführung von Bildungs- und Lerngeschichten) geschieht.

Aber auch in Arbeitskreisen, auf Fortbildungen und Veranstaltungen trifft man auf interessierte Kolleginnen oder interessante Projekte in anderen Einrichtungen. Es geht darum, einen Blick über den Tellerrand zu nehmen und zu gewähren, die eigene Arbeit darzustellen und auch durch die Auseinandersetzung mit externen Fachleuten die eigene Arbeit zu reflektieren.

Auch hier sollten die allgemeinen Regeln zur Diskretion und zum Verhalten während der Hospitation besprochen und umgesetzt werden.

4.4.4.3 Ausbildung

In den meisten Kitas finden sich immer wieder für kürzere oder längere Zeitspannen junge Menschen, die gerade ein Praktikum im Rahmen ihrer Ausbildung oder der Schulzeit machen. Auch der Umgang mit Praktikantinnen wirkt in die Öffentlichkeit hinein – zum einen darin, wie sich die Praktikantinnen über ihren Einsatz in der Schule und in ihrem Umfeld äußern, zum anderen durch den Eindruck, den die praktikumsbegleitenden Lehrkräfte von Ihrer Kita haben.

Praktikantinnen benötigen daher eine qualifizierte Anleitung, die sie sowohl fördert als auch fordert. Regelmäßige Reflektionen und auch die Bereitschaft, durch die Praktikantin etwas hinzuzulernen, gehören zu den Aufgaben einer guten Anleiterin.

4.5 Schriftliche Informationen

Eine Kita verfügt in der Regel über verschiedene schriftliche Informationsmaterialien. Je nach Anlass sind diese einem großen oder kleinen Personenkreis zugänglich.

4.5.1 Konzeption und Qualitätshandbuch

Die Konzeption einer Einrichtung stellt das „Herzstück“, das Wesen der Kita und den Kern der Markenidentität dar. Sie ist deshalb ein sehr bedeutendes Schriftstück. Allerdings ist die Konzeption – sofern sie nicht auf einer Homepage für alle zugänglich ist – eher an eine kleinere Gruppe von Adressaten gerichtet.

Die Konzeption enthält

- die Ziele und Leitlinien der Arbeit,
- die dahinterstehenden Werte, Normen und Haltungen,
- eine genaue inhaltliche Beschreibung aller Schwerpunkte,
- die Strukturen der Einrichtung und

- Aussagen über den Umgang mit bestimmten Aufgabenstellungen und Anspruchsgruppen.

Die Konzeption dient den in der Kita arbeitenden Erzieherinnen als Handlungsgrundlage und ist meist ein verbindlicher Bestandteil des Arbeitsvertrages. Aber auch in der Öffentlichkeit wird die Konzeption wahrgenommen, z. B. bei den

- gegenwärtigen Eltern in Ihrer Einrichtung,
- potentiellen Nutzern Ihres Angebotes,
- Trägern,
- Jugendämtern,
- Schulen ihrer Praktikantinnen und bei den
- benachbarten Kitas.

Die Konzeption ist die Visitenkarte Ihrer Einrichtung und sollte daher sorgfältig erstellt werden. Eine einwandfreie Rechtschreibung ist Pflicht, ebenso die gute Lesbarkeit. Achten Sie auf

- Schriftgröße und Schriftart,
- den Zeilenabstand,
- eine klare Gliederung und Absätze im Text,
- den Satzbau (keine ellenlangen Schachtelsätze über eine halbe Seite).

Verwenden Sie Fotos zur Veranschaulichung und Illustration, so sollten Sie darauf achten, dass die abgebildeten Dinge gut und klar zu erkennen sind. Sind Kinder darauf zu sehen, so sollten die Eltern (schriftlich) ihr Einverständnis dazu gegeben haben.

Die Konzeption kann sowohl im Selbstdruckverfahren am PC als auch mit der professionellen Hilfe einer Druckerei erstellt werden. Wenn Sie die Konzeption selbst ausdrucken, achten Sie auf eine angenehme und feste Bindung, z. B. mit Klemmschienen. Schnellhefter sehen schnell zerfleddert aus und wirken wenig professionell. Eventuell ist ein Sponsor gegen die Nennung seines Namens auf der Innenseite bereit, Druckkosten einer Druckerei zu übernehmen?

Tipp: Auch Copyshops in der Nähe von Universitäten oder Fachhochschulen drucken Ihr Werk auf „normalem“ Papier aus und versehen es mit einer stabilen Bindung – prüfen Sie die Preise!

Als Ergänzung zur Konzeption kann auch ein Qualitätshandbuch erarbeitet werden. In einem Qualitätshandbuch werden verschiedene Strukturen und Prozesse genau festgehalten. Standards werden hier festgelegt und die Abläufe von wiederkehrenden Prozessen beschrieben. Der Vorteil eines Qualitätshandbuches liegt darin, dass es gut mit der Konzeption kombiniert werden kann. Dies dient als Basis. Die Beschreibung von Strukturen, Schwerpunkten und Aufgaben werden dabei im Qualitätshandbuch nachvollziehbar und konkret beschrieben. Dieser Teil ist für die Mitarbeiterinnen eine verbindliche Arbeitsgrundlage, aber nicht für die Veröffentlichung vorgesehen. Da das Qualitätshandbuch auch konkrete Überprüfungstermine der einzelnen Beschreibungen vorsieht, ist es immer aktuell. Da hier die einzelnen Beschreibungen nicht im Fließtext geschrieben werden, sondern jeder Prozess für sich steht, können einzelne Punkte eingearbeitet, verändert und entfernt werden, ohne dass das ganze Handbuch überarbeitet werden muss.

Ein Qualitätshandbuch zu entwickeln, macht also durchaus einen Sinn – auf die Darstellung einer genauen Vorgehensweise muss an dieser Stelle jedoch verzichtet werden.

4.5.2 Präsentationen

Zu verschiedenen Gelegenheiten ist man als Leitung einer Einrichtung gefordert, eine mehr oder weniger öffentliche Präsentation zu halten. Dies reicht von Präsentationen in einer kleinen, vertrauten Gruppe (z. B. die Präsentation von Fortbildungsinhalten oder die Einführung in neue fachliche Entwicklungen innerhalb des Teams) bis hin zu großen Runden, in denen auch fremde Personen sitzen.

Es gibt z. B.

- Präsentationen auf hausinternen Elternabenden,
- Präsentationen auf öffentlichen Elternabenden,
- Präsentationen zu bestimmten Themen (wie z. B. die Notwendigkeit einer Sanierung, die Ausweitung der Platzkapazität etc.) im Stadtrat oder Kirchenvorstand,
- Präsentationen zu Fachthemen oder Projekten auf Tagungen, Messen, Arbeitskreisen, Fortbildungen etc.

Bei all diesen Arten von Präsentation ist es das oberste Ziel, dass Sie überzeugend auftreten und Sicherheit ausstrahlen. Auch fachlich sollte Ihre Präsentation natürlich fundiert sein, aber mit der Beachtung einiger Punkte können Sie einen fachlich stimmigen Vortrag noch besser „rüberbringen“.

4.5.2.1 Vorbereitung

Bereiten Sie Ihren Vortrag bzw. Ihre Präsentation gründlich vor. Hilfreich ist es, wenn Sie die Vorbereitungen schriftlich festhalten.

Machen Sie sich zunächst Gedanken über die Ausgangssituation:

- Was ist das genaue Thema der Präsentation?
- In welcher Rolle sprechen Sie zu dem Publikum?
- Wer sind die Zuhörer? Haben Sie Vorkenntnisse über das Thema und können Sie sich in die Problematik hineinversetzen? Sind Vorurteile oder Widerstände zu erwarten?
- Wie viele Zuhörer werden erwartet? Sind die Zuhörer freiwillig anwesend?
- Ist das Thema für das Publikum bekannt oder neu? Handelt es sich um ein beliebtes Thema oder begegnet man dem Thema mit Ablehnung?
- Was wollen Sie bei Ihren Zuhörern erreichen (Ziel der Präsentation) und wie kann dies gelingen?
- Wie lange ist die Redezeit?
- Welche Aspekte des Themas wollen Sie auf jeden Fall anschneiden?
- Welche Aspekte können auch weggelassen werden?
- Werden Sie die ganze Zeit vortragen oder gibt es Möglichkeiten für das Publikum, sich einzubringen?
- Welche Rahmenbedingungen gibt es (Sitzordnung, technische Möglichkeiten, zeitliche Struktur der Veranstaltung etc.)?

Haben Sie die Ausgangssituation klar umrissen, können Sie die Präsentation an sich vorbereiten. Dies ist möglich, in dem Sie das Thema mit Hilfe einer Gliederung (ähnlich einem Aufsatz) bearbeiten oder es durch die Erstellung eines Mind-Maps thematisch eingrenzen und die wichtigen Aspekte hervorheben.

4.5.2.2 Durchführung der Präsentation

Die Präsentation sollte, auch wenn Sie eine komplett durchformulierte Rede vorliegen haben, möglichst frei gehalten werden. Dies macht einen lebendigen und souveränen Eindruck, der nicht entsteht, wenn Sie die Rede ablesen. Sollten Sie eine komplett formulierte Rede haben, markieren Sie sich mit Textmarker wichtige Stichpunkte, so dass Sie sich anhand dieser Markierungen durch den Text hangeln können. Auch die Übertragung der markierten Stellen auf Karteikarten mit kurzen Erläuterungen kann hilfreich sein.

Nutzen Sie verschiedene Medien, um die Rede anschaulich zu machen. Ein Flipchart kann beispielsweise dazu genutzt werden, die Tagesordnung der Veranstaltung oder die Gliederung Ihres Vortrags für die Zuschauer jederzeit sichtbar aufzustellen.

Eine Präsentation mit Power Point und Beamer wirkt professionell – aber nur, wenn Sie die Technik ausreichend beherrschen und die Sicht- und Tonverhältnisse (bei der Präsentation von Filmaufnahmen) gut sind.

Schauen Sie während der Rede immer wieder Ihr Publikum direkt an. Je nach Größe der Zuhörerschaft wechseln Sie auch die Bereiche, in die Sie blicken (vorne links, hinten rechts). Picken Sie sich wohlwollende Gesichter aus und schauen Sie immer wieder auf diese. Das gibt Sicherheit und lässt Sie lockerer wirken. Bei großen Veranstaltungen, bei denen auch noch Scheinwerfer auf Sie gerichtet sind, werden Sie wahrscheinlich nur wenig im Publikum erkennen können. Das macht aber nichts – blicken Sie ruhig trotzdem dahin, wo die Zuschauer sitzen. Auch Gestik kann eine Präsentation unterstreichen. Es ist wichtig, dass die Gesten natürlich wirken und nicht hektisch werden. Auch kleine „Ticks" können ein Publikum irritieren, z. B. wenn die Lesebrille ständig auf- und abgesetzt wird oder Sie an einem Stift herumspielen.

Wenn Sie die Präsentation visuell unterstützen, in dem Sie z. B. Aufzeichnungen am Flipchart oder eine Power-Point-Präsentation nutzen, achten Sie auf einige Dinge, um die Folien etc. ansprechend zu gestalten:

- Verwenden Sie einen einfachen und hellen Hintergrund, auf dem auch das Logo Ihrer Einrichtung zu sehen ist (wenn Sie in Ihrer Funktion als Leitung sprechen).
- Verwenden Sie ein klares und einheitliches Schriftbild (z. B. Arial).
- Überschriften können in Logofarbe stehen, der Haupttext sollte schwarz sein.
- Vermeiden Sie zu volle Folien. Machen Sie lieber mehrere Folien zu einem Unterpunkt, wenn die Folie zu voll wird.
- Verwenden Sie in den Folien oder Aufzeichnungen nur Stichpunkte oder Halbsätze, die in Ihrem Vortrag dann noch weiter ausgeführt werden – sonst kommt es schnell zum reinen Vorlesen der Präsentation.
- Grafiken oder Bilder können die Inhalte Ihrer Präsentation unterstützen – achten Sie auf eine gute, stimmige Auswahl!

Die Präsentation an sich läuft in der Regel nach einem immer wiederkehrenden Schema ab:

1. Begrüßung der Zuhörer und evtl. Ehrengäste.
2. Eigene Vorstellung und Vorstellung des Themas sowie ggf. des Ablaufs.
3. Einstieg in das Thema.
4. Hauptteil des Vortrags.
5. Abschluss des Vortrags durch ein Resümee und/oder eine Frage- bzw. Diskussionsrunde.
6. Verabschiedung.

4.5.2.3 Nachbereitung

Auch eine Präsentation sollte von Ihnen als Redner nachbereitet werden. Nehmen Sie sich noch einmal Ihre Vorbereitungen zur Hand:

- War die Situation in etwa so, wie Sie es sich vorgestellt haben?
- Konnten Sie Ihr Ziel erreichen?
- Was ist aus Ihrer Sicht gut gelungen und was weniger gut?
- Haben Sie alle wichtigen Aspekte einbringen können?

Halten Sie diese Nachbereitung ebenfalls schriftlich fest. Sie können auch eine Ihnen bekannte Person bitten, Ihnen noch einmal ein persönliches Feedback zu geben.

4.5.3 Flyer

In vielen Einrichtungen gibt es Flyer, die das Konzept und die Besonderheiten der Kita kurz darstellen und zu Werbezwecken eingesetzt werden. Es lohnt sich auch, darüber nachzudenken, ob man Elternbriefe, z. B. zu bestimmten Projektthemen, Einladungen etc., einmal in Form eines Flyers herausgeben möchte.

Die Faltung eines Flyers kann unterschiedlich sein – am gebräuchlichsten ist jedoch in der Regel der Wickelfalz. Hier wird das DIN A4-Blatt zweimal gefalzt, wobei das innenliegende Blatt eine Kleinigkeit kürzer sein muss. Auf diese Weise entstehen sechs Seiten.

Auf der ersten Seite, dem Titelblatt, muss das Logo sowie Name, evtl. die Adresse der Einrichtung und/oder der Titel der Veranstaltung zu finden sein. Die weiteren Seiten können Sie je nach Art des Flyers gestalten. Auf der Rückseite können auch noch einmal der Name der Kita sowie eine Anfahrtsskizze und Kontaktdaten wie Adresse, Telefon- und Faxnummern, E-Mailadresse und Ansprechpartner sowie Öffnungs- oder bestimmte Sprechzeiten aufgeführt werden.

Die innenliegende Seite kann evtl. dazu benutzt werden, als sog. „Abbinder" zu fungieren. Das heißt, diese kann als ein Coupon zum Heraustrennen gestaltet und dafür gut sein, weitere Informationsmaterialien anzufordern, sich für eine Veranstaltung anzumelden oder dem Förderverein beizutreten.

Was Sie bei der Gestaltung eines Flyers sonst noch beachten sollten:

- Wählen Sie auch hier eine klare Schrift, vermeiden Sie Schriftartenwechsel oder viele verschiedene Größen.
- Überschriften strukturieren den Text und machen ihn leichter überschaubar.

- Fassen Sie sich kurz – transportieren Sie den Kern Ihrer Marke in kurzen Abschnitten zu einigen Themen, die die Schwerpunkte Ihrer Pädagogik darstellen.
- Wählen Sie eine gute Papierqualität, damit die Texte auf den doppelt bedruckten Seiten nicht durchscheinen.

Tipp: Das Programm „Publisher“, das im Office-Paket von Microsoft enthalten ist, bietet unter dem Punkt „Druckpublikationen/Broschüren“ entsprechend vorbereitete Dokumente an. Sowohl die farbliche Gestaltung als auch die Texte und Grafiken lassen sich vom Benutzer individuell gestalten bzw. entfernen. Die Texte können direkt auf die jeweilige Seite eingegeben werden und kommen so gleich faltbar aus Ihrem Drucker!

4.5.4 Plakate

Wenn in der Kita eine öffentliche Veranstaltung stattfindet, wird dafür im Stadtteil oder den umliegenden Ortschaften meist mit Plakaten geworben. Das ist z. B. bei Jubiläen, großen Kinderfesten oder öffentlichen Vorträgen (z. B. mit einem bekannten Referenten) der Fall.

Um Aufmerksamkeit zu erregen, sollte Ihr Plakat

- großformatig sein (A2, A3, evtl. A4 auch möglich),
- eine stabile Papierqualität haben,
- auf farbigem Hintergrund oder – noch schöner – auf hellem Hintergrund farbig gedruckt sein,
- eine klare Struktur besitzen,
- ihr Anliegen mit Bildern und/oder Symbolen auf den ersten Blick erkennbar machen,
- durch Text oder Bild einen „Hingucker“ enthalten.

Beim Texten können Sie durch gelungene Sprachspiele oder originelle Fotos (z. B. die Bilder von einem motzigen, strubbeligen und angeschmuddeltem Kind und einem Brokkoliröschen mit der Überschrift „Bringen Sie das zusammen?“ als Werbung für einen Vortrag einer Ernährungsexpertin, bei dem es nicht nur um gesundes Essen, sondern auch um Einbeziehung, Mitbestimmung und Bedürfnisse von Kindern im Zusammenhang mit Ernährung geht) das Interesse der Passanten auf Ihr Plakat lenken.

4.5.5 Kita-Zeitung

Eine ebenfalls gebräuchliche Form der Öffentlichkeitsarbeit ist das Erstellen einer Kita-Zeitung. In diesem Blatt werden Eltern und evtl. auch die interessierte Öffentlichkeit über Erlebnisse und Projekte, über Termine und Veranstaltungen, über Geplantes und bereits Umgesetztes informiert.

Folgende Punkte können Sie bei der Herausgabe einer Zeitung beachten:

- Die Zeitung braucht einen Namen (z. B. „Zwergenpost" in der Kinderkrippe Zwergenland). Sie können auch einen Namenswettbewerb mit einem kleinen Preis ausschreiben.
- Sie als Leitung müssen nicht alleine die Verantwortung übernehmen – gründen Sie ein Redaktionsteam, an dem sich auch die Eltern oder ältere Kinder beteiligen können.
- Die Texte sollten am PC geschrieben sein, eine angenehme Schrift besitzen (nicht ständig die Schriftart wechseln) und natürlich frei von Rechtschreib- und Grammatikfehlern sein.
- Eine Einteilung in bestimmte Rubriken, die auch bei jeder Ausgabe an der gleichen Stelle zu finden sind, erleichtert dem Leser die Übersicht.
- Bilder können die Texte verdeutlichen – wenn Sie die Zeitung allerdings am Kopierer vervielfältigen, verzichten Sie lieber auf Fotos, auf denen man ohnehin nur schwer etwas erkennen kann.
- Bei Liedern, fremden Texten, Zitaten o. Ä. müssen Quellen angegeben werden.
- Auch für Zeitungen kann man mit dem Microsoft Publisher Vorlagen verwenden (s. Tipp in Kap. 4.5.3 Flyer, im Programm zu finden unter Druckpublikationen/Magazine).
- Die Kita-Zeitung sollte regelmäßig, z. B. gegen Ende jeden Quartals oder einmal im Halbjahr, erscheinen.
- Ob Sie einen symbolischen Preis verlangen (z. B. 50 Cent) hängt vom Klientel Ihrer Einrichtung ab.
- Vielleicht sind Firmen in der Umgebung bereit, sich gegen den Abdruck von Werbeanzeigen an den Druckkosten zu beteiligen.

4.5.6 Homepage

Das Internet ist aus unserer heutigen Gesellschaft kaum noch wegzudenken. Suchen Eltern oder andere Interessierte schnell nach Informationen über eine Einrichtung, wird der Name „gegoogelt". Enttäuschung der Nutzer ist vorprogrammiert, wenn sich unter dem Namen und dem Ort nur ein Telefonbucheintrag finden lässt. So kann man auch feststellen, dass sich je nach Struktur der Region ein Wettbewerbsnachteil im Vergleich zu Kitas mit Homepage entwickeln kann.

Inhalte einer Homepage können sein:

- Informative Vorstellung des Hauses (Lage, Gruppen und Anzahl/Alter der Kinder, Öffnungszeiten, Sprechzeiten etc.),

- Informationen über die pädagogische Haltung, Zielsetzungen, Konzeption ... alles das, was Ihre Marke ausmacht.
- Hintergrundinformationen wie Träger, Dachverbände etc.,
- Pressemitteilungen und Zeitungsberichte,
- Informationen, die Sie auch für die Eltern Ihrer Kita aushängen – z. B. die Vorstellung des Personals, Präsentationen von Projekten, Berichte über Ausflüge und Aktionen,
- Möglichkeit zur Kontaktaufnahme,
- evtl. Möglichkeit zur direkten Anmeldung des Kindes.

Im Wesentlichen kommt es darauf an, was Sie der Öffentlichkeit an Information zur Verfügung stellen und transportieren möchten!

Die Homepage kann selbst erstellt (z. B. mit einer Art Baukasten-System) oder von Fachleuten angefertigt werden. Sollten Sie eine Firma mit der Erstellung einer Homepage beauftragen, so sollten Sie allerdings klar darstellen, was Sie möchten und was nicht. Auch wenn Sie kein Experte sind, sollte es Ihnen nach der Erstellung möglich sein, immer wieder selbst Inhalte hinzuzufügen und andere zu entfernen.

Folgende Punkte sollten Sie außerdem beachten:

- Die Inhalte der Homepage sollten relativ aktuell sein. Niemand interessiert sich dafür, welche Projekte Ihre Kita vor drei Jahren durchgeführt hat. Für die Nutzer von Bedeutung sind aktuelle Informationen, die nicht älter als zwei bis drei Monate sein sollten.
- Die Adresse der Homepage (auch URL genannt) sollte möglichst kurz und gut zu merken sein.
- Wenn Sie Fotos von Kindern und Eltern sowie Mitarbeiterinnen, Trägervertretern etc. veröffentlichen, müssen diese vorher schriftlich ihr Einverständnis gegeben haben. Verwenden Sie auch keine Bilder oder Cliparts von anderen Anbietern oder Homepages, die nicht ausdrücklich zur freien Nutzung auf der eigenen Homepage zugelassen sind!
- Eine übersichtliche Struktur erleichtert es den Nutzern, die gewünschten Inhalte schnell zu finden. Auch sollte sich nicht bei jedem Klick ein neues Fenster öffnen.
- Auch hier gelten die Gestaltungsgrundsätze der Präsentation, der Flyer und Kita-Zeitungen: klares Schriftbild, angenehme Farbgestaltung, das Logo soll auf jeder Seite sichtbar sein, Gliederung durch (farblich zum Logo passende) Überschriften etc.
- Prüfen Sie im Team, ob die Homepage so in Ordnung ist, bevor sie öffentlich gemacht wird.
- Denken Sie über ausgewählte Links (z. B. von Kooperationspartnern, der Trägerhomepage etc.) nach, mit denen Sie Ihre Homepage mit ande-

ren Seiten vernetzen können. Diese Anbieter könnten dann das Gleiche mit Ihrer Seite machen und so könnte auch Ihre Seite bekannter werden.

4.5.6 Fachartikel in Fachzeitschriften

Verschiedene Fachzeitschriften erscheinen für die Nutzergruppe der Erzieherinnen. Die meisten Fachzeitschriften (schauen Sie einmal auf den Internetseiten der Zeitschriften oder in den Printausgaben nach – vielfach finden sich dort Aufrufe zur Mitarbeit, z. B. bei den Zeitschriften „kindergarten heute“ (Herder Verlag) oder „klein & groß“ (oldenbourg Verlag). Dort finden Sie auch Hinweise, was Sie beim Verfassen und der Einsendung eines Artikels beachten müssen.) sind sehr interessiert daran, Beiträge von Kolleginnen aus der Praxis für die Praxis abzudrucken – bleiben so doch Ihre Hefte und Themen für die Leserschaft spannend und nachvollziehbar.

Einen Artikel in einer Fachzeitschrift zu veröffentlichen, dient zum einen dem Ansehen der Einrichtung – Ihre Kita wird bekannter, innovative Projekte regen andere Kolleginnen zum Nachahmen und Nachfragen an, Elternschaft und Träger werden den Artikel wohlwollend zur Kenntnis nehmen und in ihrem Bewusstsein als weiteren Pluspunkt zu Ihrer Kita werten.

Zum anderen wird aber auch Ihre eigene Position durch die Veröffentlichung von Fachartikeln nachhaltig gestärkt – vielleicht erwerben Sie den Ruf einer Expertin für ein bestimmtes Thema?

Ein Fachartikel zeigt zudem, dass die praktische Arbeit nicht nur gut gelingt, sondern dass sie auch interessant für andere Fachleute ist. Dies ist eine gute Werbung für Ihr Haus.

4.6 Pressearbeit

Die Medien können eine gute Ergänzung der Öffentlichkeit bieten und Ihre Arbeit einer größeren Leserschaft transparent machen. Das Ziel liegt dabei darin, die Bekanntheit der Einrichtung zu steigern. Es geht auch darum, die Qualität der Arbeit darzustellen und damit bei den Nutzern zu „punkten“ und den Ruf der Einrichtung in einer breiteren Öffentlichkeit weiter zu verbessern bzw. zu halten.

Nicht zuletzt dient eine gute Pressearbeit auch dazu, das Berufsbild der Erzieherin zu verbessern und von dem Image der kaffeetrinkenden Basteltante zu befreien. Die Bildung, Erziehung und Betreuung der Kinder in Kitas ist eine gesellschaftlich wichtige Aufgabe – und so sollte sie auch dargestellt werden.

Bevor Sie mit der Pressearbeit beginnen, sollten Sie sich einen Verteiler überlegen, d. h. die Redaktionen zusammenstellen, an die Sie die Mitteilung schicken bzw. die Sie zu Pressegesprächen einladen möchten. Hier bieten sich die regional erscheinenden Tages- oder Wochenzeitungen an.

Ein guter Kontakt zu den Journalisten ist wichtig, da die Redaktionen keineswegs verpflichtet sind, die eingesandten Beiträge auch abzudrucken. Am besten, Sie stellen sich bei den in Frage kommenden Redaktionen kurz persönlich vor und klären folgende Fragen:

- Wer aus der Redaktion ist für Meldungen aus dem Kita-Bereich zuständig (Name und Erreichbarkeit)?
- Sind Pressemitteilungen erwünscht oder ist es eher angeraten, den zuständigen Journalisten zu einem Pressegespräch in die Einrichtung zu bitten?
- Wie lang kann ein Artikel sein und können Fotos mitgeschickt werden? (bei Pressemitteilungen per E-Mail: in welchem Format?)
- Wann ist Redaktionsschluss für die jeweilige Ausgabe?
- Gibt es besonders nachrichtenarme Zeiten, in denen eine Meldung aus dem Kita-Bereich besonders willkommen ist?

Tipp: Den Kontakt zur Presse muss nicht unbedingt die Leitung einer Einrichtung halten. Vielleicht gibt es in Ihrem Team auch eine Mitarbeiterin, die privaten Kontakt zu einem Journalisten hat oder sich aufgrund ihrer besonderen Kontaktfreudigkeit und Redegewandtheit gut als „Pressesprecherin“ eignet?

4.6.1 Pressemitteilung

Es gibt einige Gründe, eine Pressemitteilung herauszugeben, z. B.

- Tag der offenen Tür,
- Projektpräsentationen,
- interessante, neue oder ungewöhnliche pädagogische Ansätze oder Projekte,
- Neustart einer Gruppe,
- Baumaßnahmen wie Neubau, Erweiterungsbau, Gartengestaltung.

Achten Sie bei einer Pressemitteilung darauf, dass sie aktuell und für die Leser von Interesse ist. Auch kuriose oder lustige Begebenheiten wecken das Interesse von Lesern ebenso wie dramatische oder konfliktbeladene Situationen, z. B. wenn ihrer Einrichtung aufgrund baulicher Mängel und fehlender Investitionen die Schließung droht. Was Sie sonst noch beachten sollten:

- Format DIN A4 in weiß,
- jedes Blatt nur einseitig beschriften,
- Zeilenabstand 1,5 oder 2-zeilig,
- Schriftgröße 11 oder 12 Punkt, Hervorhebungen fett,
- seriöse Schriftart (Arial, Times New Roman),
- die Pressemitteilung enthält das Logo und die Anschrift der Kita sowie den Namen der Verfasserin.
- Vor- und Zunamen sowie Ehrentitel ausschreiben,
- keine Abkürzungen verwenden,
- Zahlen bis zwölf im Text ausschreiben (Datum oder Uhrzeiten können in Zahlenform sein, z. B. 8. Juni um 15.30 Uhr),
- die Überschrift sollte kurz und prägnant sein.
- Geben Sie einen aussagekräftigen Untertitel an, der die Leser neugierig macht.
- Auch der Text sollte nicht zu lang sein – zu lange Abhandlungen schrecken Leser und Redakteure ab.
- Wichtig sind die ersten Sätze eines (längeren) Textes. Der „Vorspann" soll die Lust zum Weiterlesen wecken.
- Die W-Fragen (wer, was, wann, wo warum, wie) sollten beantwortet werden. Die Reihenfolge der Beantwortung ist dabei nicht wichtig.
- Grundsätzlich gilt, dass die wichtigsten Dinge wie die Hauptaussage und die Beantwortung der Fragen am Beginn eines Textes stehen und erst dann die Hintergrundinformationen und Details genannt werden. Redaktionen kürzen vom Ende her!
- Ein einfacher und konkreter Schreibstil ist wichtig: Bringen Sie die Dinge auf den Punkt und verwenden Sie keine blumigen Umschreibungen. Kurze Sätze erleichtern die Lesbarkeit und ausgewählte Beispiele können die Aussagen verdeutlichen.
- Liegen Fotos bei, sollte angegeben werden, was und wer darauf zu sehen ist und wer das Foto gemacht hat.
- Ein kurzes persönliches Anschreiben an den zuständigen Redakteur sollte Ihre Mitteilung begleiten.

Wird die Pressemitteilung per E-Mail verschickt, setzen Sie das Anschreiben direkt in die E-Mail und hängen Sie die Pressemitteilung in einem gängigen Dateiformat (am besten als pdf-Dokument) an die E-Mail an. Auch Fotos müssen in einem gängigen Format, z. B. *jpg oder *gif, angehängt werden. Wenn Sie die Pressemitteilung an mehrere Redaktionen per E-Mail versenden, wählen Sie die „Blind Carbon Copy" (Bcc) Ihres E-Mail-Programms.

Wenn Sie eine Website haben, können Sie die Pressemitteilung auch dort speichern und per E-Mail den Redaktionen einen Link zusenden. Der Vorteil hierbei ist, dass Sie weitere relevante Hintergrundinformationen (z. B. über Konzeption, Träger, Leistungen und Angebote etc) und grafisches Material (Fotos von Räumen und Gebäuden, von Veranstaltungen, Ausstattung, Projekten und natürlich vom Logo Ihrer Einrichtung) übersichtlich aufbereitet und sortiert den Redaktionen zur Verfügung stellen können.

4.6.2 Pressegespräch

Schickt die Redaktion zu bestimmten Anlässen lieber einen Journalisten vorbei, so wird das Interview meist maßgeblich von diesem strukturiert. Wichtig ist jedoch, dass Sie sich gut vorbereitet haben. Sie sollten zum einen kurz über Ihr Anliegen bzw. den Grund des Pressegesprächs berichten können und natürlich auch die Fragen des Journalisten beantworten.

In der Regel werden bei solchen Pressegesprächen auch Fotos gemacht – entweder vom Journalisten selbst oder von einem Fotografen. Klären Sie unbedingt vorher mit einer schriftlichen Einverständniserklärung, welche Eltern damit einverstanden sind, dass das Bild ihres Kindes evtl. in der Zeitung erscheint! Die anderen Kinder sollten den Raum, in dem die Fotos gemacht werden, möglichst vorher gemeinsam mit einer Erzieherin verlassen und in einem anderen Bereich der Einrichtung spielen.

> **Tipp:** Achten Sie unbedingt darauf, dass keine Ausgrenzung stattfindet nach dem Motto: nur weil deine Mama nicht will, dass du fotografiert wirst, müssen wir jetzt mal rausgehen ...

Auch wenn ein solcher Besuch eines Journalisten nur kurz ist (ca. 15–30 Minuten), sollten Sie eine Erfrischung oder einen Kaffee anbieten. Dies schafft eine positive Atmosphäre.

4.6.3 Anzeige

Eine Anzeige, vor allem eine Stellenanzeige, ist auch eine Form der Öffentlichkeitsarbeit. Auf kleinem Raum kommt es darauf an, dass Sie das Interesse potenzieller Bewerberinnen wecken – die Anzeige sollte auch zu Ihrer Einrichtung passen. Deshalb transportiert die gut gemachte Stellenanzeige auch immer etwas über den Kern Ihrer Marke.

Achten Sie bei der Formulierung von Stellenanzeigen also darauf,

- dass Ihre Einrichtung so beschrieben wird, dass das besondere Wesen, die Identität Ihrer Kita spürbar ist;
- dass Punkte hervorgehoben werden, die Ihre Einrichtung oder Ihren Träger von anderen unterscheiden;

- dass Sie deutlich machen, welche Art von Bewerberin Sie sich wünschen – auch hier sollte die besondere Identität spürbar sein;
- dass Sie weitestgehend auf Allerwelts-Formulierungen, die in jeder Stellenanzeige vorhanden sind, verzichten, um sich von anderen Stellenanbietern zu unterscheiden; eine interessante Überschrift zu wählen: Diese als Blickfang animiert zum Weiterlesen und lässt auch den besonderen Charakter Ihrer Einrichtung zu Tage treten (z. B. 20 kleine Strolche suchen eine Forschungsassistentin ...);
- die Berufsbezeichnung klar zu benennen: Sie muss auf den ersten Blick deutlich sein, sonst wird die Anzeige trotz aller Originalität von der Zielgruppe überlesen

Literaturverzeichnis

Aaker/Joachimsthaler, Brand Leadership, 1. Aufl., München 2005

Adjouri, Alles was Sie über Marken wissen müssen. Leitfaden für das erfolgreiche Management von Marken, Wiesbaden 2004

Bien/Rauschenbach/Riedel (Hrsg.), Wer betreut Deutschlands Kinder? DJI-Kinderbetreuungsstudie., Berlin, Düsseldorf, Mannheim 2006

Bostelmann (Hrsg.), Das Portfolio-Konzept für Kita und Kindergarten, Mühlheim an der Ruhr 2007

Brandt, basiswissen kita – Öffentlichkeitsarbeit, 2. Aufl., Freiburg 2006

Bruhn, Marketing für Nonprofit-Organisationen. Grundlagen – Konzepte – Instrumente, Stuttgart 2005

Bundesministerium für Familie, Senioren, Frauen und Jugend, Monitor Familiendemographie: Ausgabe Nr. 2: Wer betreut Deutschlands Kinder? Berlin 2005

Erath, Von der Konzeption zum Qualitätshandbuch. Weiterentwicklung und Qualitätssicherung in der Kita, 2. Aufl., München 2001

Esch, Strategie und Technik der Markenführung, 3. Aufl., München 2005

Haedrich/Tomczak/Kaetzke, Strategische Markenführung, Stuttgart 1997

Herbst, Praxishandbuch Markenführung, Berlin 2005

Institut für Bildung und Entwicklung im Caritasverband der Erzdiözese München und Freising e. V. (Hrsg.), Die qualifizierte Leiterin. Erfolgreiches Sozialmanagement in Kindertagesstätten, München 1997

Krenz, Professionelle Öffentlichkeitsarbeit in Kindertagesstätten, Troisdorf 2009

Lachnit, Sicher reden – anschaulich präsentieren, München 2001

Meffert/Burmann/Koers (Hrsg.), Markenmanagement, Wiesbaden 2002

Meffert/Bruhn, Dienstleistungsmarketing, Wiesbaden 2003

Meffert/Burmann/Koers (Hrsg.), Markenmanagement, 2. Aufl., Wiesbaden 2005

Mellerowicz, Markenartikel, 2. Aufl., München 1963

Neumann, Kita Online, München 2003

Sell, Wirtschaftswissenschaftliche Grundlagen. Studienbuch 2 zum Bildungs- und Sozialmanagement, Remagen 2005

Sell/Haderlein, Grundlagen des strategischen und operativen Managements in Bildungs- und Betreuungseinrichtungen. Studienbuch 9 zum Bildungs- und Sozialmanagement, Remagen 2005

von Zglinicki, klein und groß – Schreibwerkstatt für Erzieherinnen, Neuwied 2001

Weltzien, Positionierung der Einrichtung. Bedarfsanalysen und Profilbildung. Studienbuch 20 zum Bildungs- und Sozialmanagement, Remagen 2007

Zollondz, Grundlagen Marketing, 4. Aufl., Berlin 2008

Stichwortverzeichnis

Nachwort

Sie haben es bis hierhin geschafft – Sie haben sich vielleicht durch die eine oder andere schwierige theoretische Ausführung gekämpft, haben die eine oder andere Anregung erhalten und über die Praxis in Ihrer Einrichtung nachgedacht.

Ich hoffe, ich konnte Sie mit meinen Vorschlägen dazu einladen, Ihre Situation unter die Lupe zu nehmen und auch neue Ideen, die genau zu Ihrer Kita passen, zu entwickeln.

Dabei habe ich die für mich wichtigsten Aspekte beleuchtet – es ist aber dennoch klar, dass es noch unzählige weitere Ideen und Möglichkeiten geben kann.

In diesem Sinne möchte ich Ihnen und Ihrem Team viel Spaß und Kreativität bei der Entwicklung „Ihrer" Marke und mit dem Darstellen der Qualität Ihrer pädagogischen Praxis wünschen.

Nicht zuletzt möchte ich – auch wenn das in einem Fachbuch eigentlich nicht üblich ist – den Personen danken, ohne die dieses Buch nie entstanden wäre:

Meinen Eltern, weil sie mich immer bei meinem Weg unterstützt haben (und mich Umwege gehen ließen).

Meinem Mann und meinen Kindern, weil sie die Tage, an denen ich für sie nicht ansprechbar war, so gut gemeistert haben.

Meinen Schwiegereltern, weil sie oft auf die Kinder aufpassen, wenn ich arbeite.

Und nicht zuletzt meiner Kollegin Barbara Ilschner, die mich mit konstruktiver Kritik und technischer Hilfe, Schokolade und Prosecco unterstützt hat . . .

. . . und Ihnen danke ich für das Lesen meines Buches!

Tina Kresnicka